CEO를 신화로 만든

# 운명의 한 문장

CEO를 신화로 만든

# 운명의
# 한
# 문장

이필재 지음

SNOWFOX

한 문장이 한 사람의 삶을 바꿔놓을 수 있다. 나는 자서전이나 평전처럼 인간의 삶에 관한 이야기를 즐겨 읽는다. 한 사람의 일생에 탐닉하며 유심히 보는 몇몇 대목이 있다. 어떤 원칙을 갖고 살아왔는가? 어떤 결정적 계기에 삶의 항로를 틀었는가? 그의 인생에 닥친 결정적인 기회는 어떤 것이었는가? 그에게 큰 도움을 준 은인은 누구인가?

이런 질문들을 이어가다보면 빼놓을 수 없는 것이 한 사람의 인생에 결정적인 영향을 미친 문장의 힘이다. 어떤 문장은 역경에 처한 사람을 일으켜 세울 수 있다. 곤경에 처한 사람을 구할 수 있고, 갈림길에 선 사람에게 해답을 제공할 수도 있다. 이런 문장들에는 흔히 어떤 철학, 지혜, 기준, 잣대, 원칙 같은 것들이 담겨 있다.

그 문장이 나에게는 "우리는 모두 지적 기업가"라는 프리드리히 하이에크의 말이다. 나는 이 말이 현대 지식중심사회를 꿰뚫어본 날카로운 지적이라고 받아들인다. 오스트리아 태생의 영국 경제학자로 노벨 경제학상을 받은 하이에크는 피터 드러커보다 훨씬 앞서, 몇 십

년 전에 이러한 지식사회의 도래를 내다봤다. 그가 설파한 대로, 나는 어떤 일에 종사하든 우리는 모두 지적 기업가라고 생각한다.

　사람은 인생을 살아가면서 저마다의 빛과 그림자를 경험한다. 한 줄기 빛을 만나기도 하고 그로 인해 긴 그림자를 드리우기도 한다. CEO들도 마찬가지다. 이 책은 'CEO, 나를 바꿔놓은 한 문장'이란 제목으로 연재된 글들을 묶은 것이다. 이들 문장은 CEO 36명의 인생을 뒤흔들어놓았다. 어떤 문장은 방향타가 되어 인생길을 바꾸어 놓았다. 나름의 인생에 묵직한 무게감을 더해준 문장도 있다.
　내용 면에서도 참으로 다양한 문장을 접할 수 있다. 읽다보면 어느 것 하나 버릴 수 없을 만큼 소중하다는 생각이 든다. 아마도 한 문장 한 문장이 누군가에게는 마치 전부인 것 같은 울림이 있었기 때문일 것이다. 책 한 권으로 36명의 CEO 인생을 관류하는 '그 무엇'을 꿰 뚫어볼 수 있으니 참 대단한 일 아닌가? 출퇴근길에 매일 한 문장씩 음미하다보면 이들이 인생에서 만난 어떤 문장이 자신의 '인생 문장' 이 될 수도 있을 것이다.

　속도전이라고 할 만큼 세상이 숨 가쁘게 변화하고 있다. 이런 시대 에 자존자립의 정신을 갖고 자신의 분야를 개척해나가기란 쉬운 일 이 아니다. 어떻게 살 것인가? 이 길로 가야 하나, 아니면 저 길로 가 야 하나? 지금은 떠나야 할 때인가, 머무를 때인가? 이런저런 인생의 과제를 만나 딱 부러지는 답을 찾기도 날로 힘들어지고 있다. 이런 상황에서는 대체 어떻게 판단해야 하나?

이럴 때 우리가 기댈 수 있는 것이 우리보다 앞서 살았던 선인들의 지혜다. 광속으로 변하는 이 시대엔 전·현직 CEO들에게서도 이런 지혜를 구해볼 수 있다. 이 책에서는 치열하게 살아가면서 매일 중요한 의사결정을 하는 CEO들이 무엇에 기대어 자신의 삶을 개척해왔는지 엿볼 수 있다. 어떤 문장의 힘으로 시행착오를 줄이고 성공 가능성이 큰 선택지를 골랐는지 알 수 있다. 때로는 비범해 보이는 동시대인의 평범한 삶의 비결을 접하게 된다.

저마다 분주하게 살아가는 CEO들을 만나 이들로 하여금 시간을 할애해 자신의 이야기를 털어놓게 만들기란 결코 쉽지 않은 일이다. 나 역시 평전을 기획하고 숱한 인터뷰를 진행하는 동안 수시로 이런 어려움을 느낀다. 우리는 그런 번거로운 과정을 겪지 않고 CEO 36명의 '인생 문장'을 이 책을 통해 만날 수 있다.

같은 시대를 살아가는 타인의 인생은 나의 삶의 교본이 될 수 있다. 우리는 타인의 인생으로부터 뭔가 건져내고 길어 올릴 수 있다. 그들이 더욱이 CEO라면 자기 경영의 시대, 값진 인생 경영의 레슨을 받을 수 있을 것이다. 하물며 그것이 인생 문장이라면 말이다.

**공병호**(공병호경영연구소장, 경제학박사)

　마지막 원고 정리를 하다 고故 박완서 작가의 『한 말씀만 하소서』를 읽었습니다. 서울의대를 나온, 병치레 한번 한 적 없다는 작가의 외동아들은 88올림픽을 치르던 해 여름 저세상으로 갔습니다. 교통사고였다고 합니다.

　25년 5개월을 살고 간 이 아들은 인턴 과정을 마쳤을 때 엄마가 반대하지 않는다면 마취과 전문의가 되고 싶다고 했답니다. 마취과 의사는 수술실에서 환자가 의식도 감각도 없는 동안 환자의 생명줄을 쥐고 있지만 수술이 끝나 환자가 의식이 돌아오면 별 볼 일 없어집니다. 환자나 그 가족에게서 고맙다는 말이나 애썼다는 치하를 받는 일도 거의 없습니다. 애태우며 생명줄을 붙잡아준 환자가 살아나 자기를 기억해주지 않을 때의 그 쓸쓸함에 끌려 마취과 전문의가 되고 싶다던 전도유망한, 건강하고 준수한 청년 원태. 그 나이에 그는 어떻게 이런 속 깊은 생각을 할 수 있었을까요?

　가톨릭 신자인 작가는 아들이 왜 죽어야만 했는지 '한 말씀만 하시라'고 집요하게 신에게 매달렸지만 그의 신은 끝내 침묵합니다. 참척

운명의 한 문장

惨憾의 고통과 슬픔에서 벗어나려 수녀원을 찾은 작가는 거기서 만난 어린 예비 수녀의 입을 통해 불현듯 깨달음을 얻습니다.

"왜 하필 내 아들이냐고? 네 아들이라고 해서 데려가지 말라는 법이 있느냐? 남의 아들은 되고 너의 아들은 안 된다고? 네가 대체 뭐기에?"

작가는 자신이 자발적으로는 남에게 뭘 준 적이 없다는 생각에 이릅니다. 남에게 주지도 받지도 않은, 타인에 대한 철저한 무관심이야말로 크나큰 죄라는 죄의식을 비로소 신의 계시처럼 떠올립니다.

신은 과연 그 벌로 그에게서 생때같은 자식을 앗아가셨을까요?

알 수 없는 일이죠. 인간은 유한한 존재니까요. 그저 신의 마음을 헤아리며 신의 시선으로 유추해볼 뿐입니다. 저 역시 오래전 같은 일을 겪고서 속수무책으로 그리했을 뿐입니다.

누구나 마음속에 담아둔 한 문장이 있습니다. 인생의 대전환을 가져왔거나 삶에 큰 변화를 일으킨 경구 같은 것들이죠. 책에서 접한 구절일 수도 있고 부모나 은사, 멘토에게서 들은 이야기일 수도 있을 겁니다. 이 책은 CEO의 마음에 담긴 그 한 문장을 찾아 떠나는 여행입니다. CEO는 신이 아닌 만큼 직접 만나 물어봤고, 그 문장 덕에 인생과 경영활동이 어떻게 바뀌었는지 들어봤습니다.

이십대에 두 번의 창업에 성공한 김동호 한국신용데이터 대표는

"역사적 필연성이 있는 사업을 선택하라"고 말했습니다. 김 대표는 손정의의 소프트뱅크도 역사적 필연성을 사업 선택의 기준으로 삼았기에 중소 소프트웨어 유통회사에서 세계적인 IT 회사로 성장했다고 설명했습니다. 2011년 김 대표가 설립한 첫 회사 아이디인큐는 오픈서베이를 하는 모바일 리서치회사인데, 2013년 소프트뱅크벤처스로부터 16억 원을 투자받았습니다.

이승한 전 홈플러스그룹 회장은 "저 너머 보이지 않는 곳을 보라"고 권했습니다. 그는 홈플러스라는 작품을 세상에 내놓기 전 기존 점포엔 없는 것을 발상하려 세계 유명 할인점, 쇼핑센터, 백화점, 쇼핑콤플렉스, 전문점을 섭렵했습니다. 그렇게 발품을 파느라 이동한 거리가 무려 지구 다섯 바퀴 반에 달했죠. 유통의 보이는 세계를 나만큼 많이 본 사람은 없을 것이라는 확신에 차 돌아와 이 전 회장은 홈플러스 1호점인 안산점을 직접 디자인했습니다. 지금은 업계 표준이 된 원스톱 생활서비스를 제공하는 할인점이죠. 그는 "거의 세상 끝까지 가보고 나니 개안을 한 듯 눈이 밝아지더라"며 "여기에 보이지 않는 것만 플러스하면 된다는 믿음이 생겼다"고 말했습니다.

이메일로 전하는 경영어록 '행복한 경영이야기'를 2003년부터 매일 배달하는 조영탁 휴넷 사장은 "자리이타自利利他"를 꼽았습니다. 이 말을 경영에 적용하면 이해관계자를 이롭게 하는 게 회사에도 이롭다고 할 수 있죠.

1인기업가의 모델 격인 공병호 공병호경영연구소장은 "지식사회에서는 모든 사람이 지적 기업가"라고 말합니다. 그는 어느 조직에 속하든 그럴 뿐더러, 심지어 대학생도 지적 기업가라고 주장합니다. 학생 신분으로 이른바 스펙을 쌓더라도 남들이 많이 하는 것 말고 자기 관점을 정립해 자신만의 고유한 스펙을 쌓아야 한다는 거죠. "젊은 날이라는 자원을 써서 과연 어떤 리스크를 안을 건지 스스로 결정해야 합니다. 남의 인생을 대신 사는 게 아니라 자기 인생을 살아야 하기 때문이죠." 그의 육성입니다.

스물일곱에 소프트웨어회사 우암코퍼레이션을 창업해 22년 만에 300만불 수출탑을 받은 송혜자 회장은 "굳게 닫힌 문 뒤에 미래가 있다"고 속삭입니다. 그가 중학교 2학년 때 읽은 시몬 드 보부아르의 『위기의 여자』에서 발견한 구절입니다. 집안 형편이 안 좋았지만 송 회장은 어린 나이에 능력 있고 당당한 여성이 되어 미래의 내 삶을 스스로 개척해가리라 마음먹었습니다.

윤영달 크라운해태홀딩스 회장은 "사고방식을 바꿔 스스로를 개조해보라"고 귀띔했습니다. 대학 시절 노먼 빈센트 필 목사의 『적극적 사고방식』을 읽은 그는 소극적이던 성격을 스스로 개조했습니다. "문제를 회피하지 않고 적극적·긍정적 사고를 하려 애썼더니 과거 보이지 않던 것들이 눈에 들어오더라"고 윤 회장은 말했습니다.

세계 최대의 도시락회사인 스노우폭스의 김승호 회장은 "나라는 존재는 내가 평소 하는 생각의 소산"이라고 말했습니다. 그는 석가모니가 했다는 이 말을 실행에 옮긴 걸 자신의 성공비결로 꼽았습니다.

성공이든 행복이든 남의 것을 복사해 자기 인생에 그대로 붙여 넣을 순 없습니다. 그러나 CEO로서 치열한 삶을 산 사람들의 마음속 한 문장을 음미하다보면 우리의 지난날을 되돌아보고 삶의 고삐를 다잡게 됩니다.

2018년 9월
이필재

차례

# Chapter 1. **VISION** — 기업의 미래를 보다

# Chapter 2. **INNOVATION** — 경영의 길을 찾다

## Chapter 3. **CHALLENGE** — 성공의 기회를 잡다

# Chapter 4. **BALANCE** — 조화와 균형의 품격

# Chapter 5. **MINDFULNESS** — CEO의 마음챙김

Chapter 1

——— VISION ———

기업의 미래를
보다

# 저 너머
# 보이지 않는 곳을 보라

;

## Look beyond the obvious.

◆ 이승한 전 회장이 뉴욕 출장길에 발견한 옥외 광고 문구 ◆

이승한 전 홈플러스그룹 회장은 업계 12위로 출발한 할인점 홈플러스를 4년 만에 업계 2위로 끌어올렸다. 10년 만에 홈플러스는 10조 원대의 매출을 달성했다. 이 회장은 '보이지 않는 것'을 추구하는 경영을 시도했다. 가치점, 감성점, 그린스토어 등은 그가 할인점 업계에 도입해 확산시킨 새로운 점포 콘셉트다.

"1997년 뉴욕 출장길에 존에프케네디 공항에 내렸는데 건너편에 있는 대문짝만 한 옥외 광고판이 눈에 들어왔습니다. 거기에 이런 문구가 적혀 있었어요. 'Look beyond the obvious저 너머 보이지 않는 곳을 보라.' 처음엔 콜럼버스가 한 말인가 했어요. 그날, 보이지 않는 세계를 보려면 내가 직접 보이는obvious 세상의 끝까지 가봐야겠구나 생각하게 됐죠."

이 전 회장은 아무도 보지 못한 보이지 않는 세계는 누구에게나 보이는 세상의 끝과 맞닿아 있다고 생각했다. 그로부터 2년, 삼성은 영국 테스코Tesco PLC와 합작해 홈플러스를 출범시켰다. 후발주자인 홈플러스의 경영을 맡은 그는 보이는 세상의 끝까지 가보기로 작정했다. 당시 할인점 업계는 이마트 등 11개 업체가 각축하는 레드오션이었다. 선발주자들과 똑같은 점포를 만들어서는 1등을 할 수 없다는 자명한 결론에 이르러 보이지 않는 블루오션을 직접 찾아 나선 것이다.

## ■ 보이는 세상의 끝까지 간다

기존 점포에는 없는 것을 발상하기 위해 이 전 회장은 세계 유명 할인점, 쇼핑센터, 백화점, 쇼핑콤플렉스, 전문점을 섭렵했다. 그렇게 발품을 파느라 이동한 거리가 무려 지구 다섯 바퀴 반에 달했다. '유통의 보이는 세계를 나만큼 많이 본 사람은 없을 것'이라는 확신에 차 돌아와 홈플러스 합작 1호점인 안산점을 디자인했다.

매출액이 가장 많은 1층에 어린이놀이터, 수유실, 문화센터, 400석

규모의 푸드코트, 클리닉, 주민등록등본을 뗄 수 있는 시청 민원실까지 배치했다. 금싸라기 같은 1층 매장에 돈 안 되는 생활편의시설만 골라 넣은 셈이다. 삼성물산 건설부문 출신이라는 그의 이력을 들먹이며 유통 전문가들은 "유통도 모르는 사람이 무모하게 일을 벌인다"고 수군거렸다.

그러나 "장사가 안 돼 곧 망할 것"이라는 뒷말이 무색하게 안산점은 개점 후 주변 경쟁점 두 곳 매출액의 1.5배에 달하는 경이적인 실적을 올렸다. 이른바 원스톱 생활서비스를 제공하는 할인점은 그 후 할인점 업계의 표준이 됐다. 십자형으로 교차하는 무빙워크도 그가 외국의 작은 유통 업체에서 발견하고 국내에 최초로 도입했는데, 이 역시 유통 업계에 일반화됐다.


"거의 세상 끝까지 가보고 나니 개안을 한 듯 눈이 밝아졌습니다. 여기에 '보이지 않는 것'만 더하면 된다는 확신이 생겼죠. 이 보이지 않는 것을 찾기 위해 엄청난 양의 소비자조사를 했습니다. 그래서 얻은 결론이 원스톱 쇼핑과 원스톱 생활서비스를 결합한 전혀 다른 개념의 점포였죠. 기존 할인점들이 이것저것 물건은 많은데 쉴 만한 공간이 없어 마치 외발자전거를 타는 기분이라는 한 고객의 소리에 착안했어요. 유통의 '두발자전거론'이 이렇게 나왔습니다."

# ■ 베스트에 창조를 결합하다

이 전 회장은 발품을 팔아 보이는 세상에서 베스트the best를 찾아
낸 후에 그보다 더 잘 만들어보려 애썼다. 그런 베스트가 눈에 띄지
않으면 상상을 해보고 스스로 이전에 없던 것을 창조했다. 역사란 보
이지 않는 것을 꿈꾼 사람들이 이를 보이는 현실로 만들어온 일련의
과정이라고 할 수 있다.

유통 쪽은 혁신적인 아이디어가 있어도 특허출원이나 의장등록을
할 수 없다. 할인점에 생활서비스를 플러스한 가치점價値店 아이디어
로 그가 블루오션을 개척했지만 경쟁사들의 미투 전략으로 곧 레드
오션화됐다. 그 후로도 그는 전방위로 끊임없이 블루오션을 창출해
나갔다.

"보이지 않는 상상의 세계에서 끌어들인 아이디어도 일단 가시화되고
나면 보이는 세상의 끝에 놓입니다. 그러면 또다시 보이지 않는 세계
를 찾아 나서야죠. 자신이 쌓은 경험과 지식이 최고라고 생각하는 순
간 사람은 자기 소리에 귀 기울이고 고객의 소리는 외면하게 됩니다."

고객 마인드로 성공을 거둔 기업도 성공에 취하면 다시 공급자 마
인드에 포획되게 마련이다. 고객은 변하는데 과거의 고객 마인드를
고집하기 때문이다.

"보이는 세상은 빙산의 일각과 같습니다. 빙산의 대부분은 수면 아래 보이지 않는 수중 세계에 속해 있죠. 문화는 빙산의 이런 속성을 지녔습니다. 다른 나라의 문화를 그 나라 사람들이 입는 옷, 먹는 음식, 언어, 음악 등 보이는 일부를 보고 판단하면 오류를 범하게 됩니다. 사고방식, 의사소통방식, 의사결정방식 등 심해에 잠긴 부분까지 관찰해야 그 문화를 제대로 이해할 수 있죠. 한국의 신바람 문화와 이성적이고 프로페셔널한 영국 문화를 화학적으로 결합한 홈플러스의 '신바레이션<sub>신바람 + rationalism</sub>' 기업문화 역시 이런 관점에서 나온 겁니다."

그는 문화에 있어서도 보이지 않는 것들에 주목했다. 한국 시장에서 신바람이 필요하기는 하지만 전문성이 뒷받침되지 않으면 성공할 수 없을 것이라고 봤다. 그래서 동서양의 서로 다른 두 가치를 접목했다. 이런 전략은 공급자가 비빔밥, 섞어찌개 등 혼합요리에 능한 한국인이었기에 주효했는지도 모른다. 그가 만든 신바레이션이란 말은 국립국어원 신어자료집에 수록됐다. '동양의 신바람 문화와 서양의 합리주의를 결합해 이르는 말'이라고 풀이돼 있다.

이 전 회장은 신입사원들에게 보이는 시야 너머의 보이지 않는 곳을 바라보는 훈련을 지속적으로 시켰다. 이런 관점은 회사의 비전을 이해하는 데도 유용한 접근이라고 할 수 있다. 비전이란 아직 현실화하지 않은 미래의 모습이다. 당연히 눈에는 보이지 않는다. 어쩌면 불분명해서 시야가 잘 보이지 않을수록 비전으로서의 가치가 높은지도 모른다. 조영탁 휴넷 사장은 "달성이 불가능해 보일수록 제대로 된 비전일 가능성이 높다"고 주장한 바 있다. 이른바 원대한 비전이 가시거리에 들어올 리 없다.

보이지 않는 곳을 바라보려는 이런 자세는 개인이 성장하는 데도 도움이 된다. 이 전 회장의 경우도 그랬다. 눈에 보이는 유한한 세상에서 보이지 않는 무한의 세계로 눈을 돌리자 내세의 문제에 부닥쳤다. 기독교 신자인 그는 자신의 좌우명을 "믿음은 보이지 않는 것들의 증거「히브리서」11장 1절"라는 성경 구절과 연관시켰다.

> "항상 신혼 같은 병아리, 취미를 함께하는 동아리, 봉사하는 도우미의 마지막 글자를 딴 '리리미'가 우리 집 가족 경영 철학입니다. 이 활동을 공유하는 집사람의 불만은 제가 교회를 건성으로 다닌다는 것이었죠. 보이지 않는 곳을 바라보는 자세와 신앙의 문제를 접목시켰더니 믿음도 깊어졌습니다. 우리 인생에서 보이지 않는 세계란 결국 신앙의 영역이죠."

## ■ 존경받는 '큰 바위 얼굴' 기업이 되려면

이 전 회장은 모든 기업엔 성장과 기여라는 두 개의 얼굴이 있다고 생각한다. 성장이라는 얼굴은 기업의 시장가치와 대응한다. 기여라는 얼굴은 사회적 가치를 반영한다.

"이 두 얼굴이 동시에 빛날 때 존경받는 '큰 바위 얼굴' 기업이 될 수 있다고 생각합니다. 영리를 추구하는 기업도 정도正道 경영을 하고 경제와 지역사회 발전에 기여하면 존경받는 기업이 될 수 있습니다."

19세기 미국의 소설가 너대니얼 호손Nathaniel Hawthorne이 쓴 단편소설 「큰 바위 얼굴Great Stone Face」의 주인공 어니스트는 진실하고 겸손한 사람이었다. 결국 그는 훗날 큰 바위 얼굴처럼 온화하고 인자한 사람이 된다.

"기업이 고용을 유지하고 이익을 내 세금 제대로 내면 됐지, 사회로부터 존경을 받아야 하냐고요? 저는 기업이 사람과 마찬가지로 살아 숨쉬는 유기체라고 생각합니다. 사람이 착하게 살아야 하듯이 기업도 착한 기업이 돼야죠. 나아가 존경받는 기업이 되려고 노력해야 합니다. 기업시민이라는 말도 있지 않습니까?"

# 낯선 길에
# 감춰진 꽃길이 있다

;

남이 가지 않은 길을 가라.

◆ 김승남 회장이 경영 멘토인 김광석 참존 회장에게 들은 조언 ◆

김승남 조은시스템 회장은 쉰둘에 늦깎이로 창업을 했다. 조은시스템은 특수경비, 금융보안 분야 시장점유율 1위의 강소기업이다. 주한미군기지의 보안도 전담하고 있다. 네 평짜리 창고에서 네 명으로 출범한 이 회사의 구성원은 현재 5천 명에 육박한다.

창업을 준비하던 시절 김 회장은 서강대 경영대학원 최고경영자과정에서 "남들처럼만 하지 않으면 성공할 수 있다"는 조언을 들었다. 바로 옆자리에 앉은 김광석 참존 회장의 경험에서 우러난 철학이다. 그날 이후 그는 남이 가지 않은 길을 탐색했다. 김위찬, 르네 마보안 Renée Mauborgne 교수가 쓴 『블루오션 전략』이 출간됐을 땐 책을 탐독

했다. 주요 대목을 거의 외우다시피 했다. 그의 눈엔 블루오션 전략이 야말로 차별화 전략이었다.

강자가 상대적으로 약한 시장을 찾았다. 마침내 보안 업계 최강자인 세콤에스원 등 보안 분야 선발기업들이 취약한 공항, 금융권, 공공기관 쪽에 선택과 집중을 했다. 이렇게 차별화했더니 정말 블루오션이 펼쳐졌다. 인천국제공항의 경우 처음 2년 동안 15억 원가량 적자를 봤지만 5년 만에 회복했다.

잡코리아를 창업해 구인·구직 사이트로 특화한 것도 차별화 전략이었다. 인터넷회사들이 포털과 커뮤니티를 지향할 때 이들 기업이 약한 구인·구직에 화력을 집중했다. IMF 금융위기 땐 아예 포털과 커뮤니티 쪽은 사업을 접을 테니 구인·구직에서 손을 떼라고 이들 회사에 제안했다. 잡코리아는 현재 국내 온라인 구인·구직회사 1위다.

## ■ 차별화가 삶을 관통하는 키워드

"남이 가지 않은 길을 가라"는 김 회장의 경영 좌우명이 됐다. 남과 다른 발상이 몸에 배게 하려 그는 숫자도 사람들이 싫어하는 4를 좋아하기로 마음먹었다. 전화번호도 일부러 4가 들어간 것을 고르고 골프채도 4번을 애용하는 식이다.

"이제는 멘토인 김광석 회장님과도 차별화합니다. 그분은 사무실을 잘 꾸며놓았지만 저는 집기 하나 안 바꾸죠. 초심을 지키려 앞으로 돈을 많이 벌더라도 사무실 집기는 그대로 쓸 거예요. 과거 금융기관 임원으로 있을 때도 사무실에 소파를 들이지 않았습니다. 소파에 편안히 앉아 있으면 잠만 청하게 되죠. 저 구석에 있는 사무용 의자는 1993년 창업할 때 장만한 네 개 중 하나예요."

그가 가리키는 곳에 낡고 평범한 의자가 있었다. 집무 책상과 의자 세트는 부도난 회사가 내놓은 걸 밥값만 주고 인수했다.

에너지절약 시스템을 보안에 접목하려는 것도 같은 취지에서다. 서로 다른 기능을 융합한 서비스 역시 틈새시장 차별화 전략이다. 김 회장은 "지속가능 경영의 조건은 지속적으로 성장하는 것"이라고 말했다.

"끊임없이 변하는 경영환경에서 지속적으로 성장하려면 끊임없이 변화하는 수밖에 없습니다. 조은시스템이 보안 전문 기업이지만 에너지절약과 안전관리에 눈을 돌린 것도 보안만으로는 고객들이 만족을 못하기 때문이에요. 다수의 기업이 안전관리에 대해서는 투자하지 않다가 사고가 나면 그제야 대응합니다. 그래서 사전 안전관리를 하는 솔루션을 개발한 회사와 손잡았습니다. 일종의 융합이죠."

## ■ 가치를 먼저 주면 알파가 붙어온다

김 회장은 아이들이 자랄 때 작은 가게에서나 행상에게 물건을 사게 되면 값을 깎지 말고, 좋은 물건을 고르지도 말고, 돈은 공손하게 드리라고 가르쳤다. 한 달에 한 번 장애인복지시설에 데려가 남들이 하기 싫어하는 궂은일도 도맡게 했다. 이렇게 하면 부모가 '공부 열심히 해라' 소리 안 해도 알아서 잘하고 감사하는 마음도 품게 된다는 게 그의 자녀교육 철학이다.

기업 이윤의 사회환원활동 또한 그에게는 차별화의 방편이다. 조은문화재단을 만들어 장학사업과 연구 지원 등을 꾸준히 하고 있다. 사후死後엔 재산의 절반을 이 재단에 기부하고 자신의 시신은 연구기관에 기증하도록 조치해두었다.

"이병철, 정주영 회장 같은 분은 정말 위대한 기업가입니다만, 이분들의 사회환원에 대해선 아쉬움이 남습니다. 이런 분들이 시골의 가난한 집 수재들 교육에 힘썼다면 빈부격차도 어느 정도 해소되고, 무엇보다 '개천에서는 더 이상 용이 날 수 없다'는 우리 사회의 통념을 깰 수 있었을지 몰라요. 제가 이룬 건 이분들의 성취에 비하면 보잘것없지만 사회환원의 모범을 보이고 싶습니다."

그는 '좋은 경영'의 공식으로 'T$^{Take}$ = G$^{Give}$ + $a$알파'를 제안한다.

고객과 구성원에게 먼저 가치를 주면 알파가 붙어 되돌아온다는 것이다.

"직원들에게 회사 지분을 나눠줬을 때 다른 기업인들이 제 행동을 이해 못했습니다. 하지만 제가 그때 주었기에 이만한 성과를 거둔 거예요. 저는 경영이란 곧 주는 거라고 봅니다."

잡코리아로 이름을 바꾼 인터넷회사 칼스텍을 창업했을 때 김 회장은 이런 생각을 실증해 보였다. 창업 당시 그는 지분의 절반을 김화수 개발실장 등 창업공신 네 명에게 줬다. 이 회사는 구인·구직 사이트로 특화했고 김화수 실장이 대표를 맡았다. 그 후 1억 달러에 미국 몬스터닷컴Monster.com에 매각됐고 창업공신들은 30억~60억 원씩 벌었다.

"실력들이 출중했어요. 적은 급여를 받고 헌신적으로 일한 것에 대해 정당한 보상을 받은 거죠."

그는 지금도 이들과 가깝게 지낸다고 말했다.

## ■ 불광불급不狂不及, 미쳐서狂 미치기及까지

팔순을 바라보는 김 회장은 "평생 많이 일하고, 많이 배우고, 많이 베풀려고 노력했다"고 말했다. 그는 자기계발에 관한 한 여전히 자칭 미치광이고, 구도자求道者다.

"그동안 바둑, 컴퓨터, 인터넷, 외국어에 순차적으로 미쳤었고, 팔십 대엔 엔터테인먼트, 구십대엔 고고학·인류학에 미쳐볼 생각입니다. 바둑은 아마4단이고, 컴퓨터가 좋아 IBM 노트북이 국내에 출시되던 날 석 달치 봉급을 털어 손에 넣었죠. 영어와 중국어는 현지에 유학한 일도, 살아본 적도 없지만 불편 없이 합니다. 다 한때 미쳤기에 가능한 일이죠. 젊은 세대에게 이렇게 권하고 싶습니다. 미치광이가 돼야 성취할 수 있고, 좋은 가치관을 내면화해야 다른 사람을 위한 꿈을 꿀 수 있다고요."

지천명을 넘긴 나이에 IT 업계에 뛰어든 그는 비전문가라고 해서 젊은 IT 전문가들에게 '돌IT인'이라 불렸다. 한평생 미친 듯한 열정으로 남과 다른 길을 걸어왔지만, 그 역시 겸손을 배우기까지 적잖은 비용을 치렀다.

그는 갑종간부후보생 출신 장교로 21년 복무하고 군 출신으로 11년간 금융권에 근무하는 동안 비주류로 치열하게 살았다. 군에서 선

두 주자였음에도 겸손하지 못해 질시의 대상이 됐고 결국 불운하게
전역했다. 전역 후엔 재정보증을 섰다가 빚더미에 올라앉으면서 빈
털터리가 됐다. 4년 동안 외식 한 번 안 하고 허리띠를 졸라매 결국
그 빚을 다 갚았다. 이런 인생 역정을 통해 나름의 경쟁력을 쌓았다.
주류를 인정하고 비주류를 긍정하는 자세가 그 바탕이 됐다.

"스스로 낮추면 모두가 즐겁고 세상이 따뜻해진다는 걸 뒤늦게 깨달
았죠. 바닥까지 내려간 후에 얻은 건 다 덤으로 받아들입니다. 아니,
다시 잃을 수도 있다고 생각합니다. 임원들에게도 항상 지금은 우리
회사가 잘나가지만 언제든 갑자기 망할 수 있다고 말합니다."

"지금부터 오래오래 후 어디선가 나는 한숨지으며 이렇게 말하겠
지. 숲 속에 두 갈래 길이 나 있었다고. 나는 사람들이 덜 지나간 길
을 택하였고, 그로 인해 모든 것이 달라졌노라고." 미국 시인 로버트
프로스트Robert Frost가 지은 「가지 않은 길The Road not Taken」의 한 대
목이다.
어쩌면 세상의 모든 길은 두 갈래 길인지도 모른다. 사람들은 보통
익숙한 길, 안전한 길을 선택한다. 낯선 길로 접어들 때 어떤 험로가
기다릴지 알 수 없기 때문이다. 김 회장은 남이 가지 않은 길을 골랐
다. 그 길에서 보상받았다. 남들과 손잡고 함께 걸었기 때문이다.

# 불만고객을 찾아내
# 말을 걸라

;

침묵하는 불만고객으로 하여금 입을 열게 하라.

◆ 2006년 와튼스쿨 '미국 소비자 실태조사' 연구보고서 중에서 ◆

심재혁 전 태광산업 부회장은 5년 반 동안 태광그룹의 비상 경영 체제를 이끌었다. 그는 정통 서비스맨이다. 호남정유GS칼텍스의 전신, LG텔레콤LG유플러스의 전신, 인터컨티넨탈호텔, 레드캡투어까지 태광산업 이전에 근무한 네 회사 모두 365일 24시간 서비스하는 업종이었다. 서비스만족의 대가인 심 전 부회장은 자신의 경영 원칙으로 세 가지를 꼽는다.

"리더를 지향하고 스스로를 변화시키는 한편, 회사와 자신의 일을 사랑하는 겁니다. 직원들에게 늘 강조하는 것들이죠. 이 가운데서도 고객만족과 밀접한 애사심이 가장 중요해요. 직원들이 회사에 대한 만족감과 자부심이 없으면 고객에게 충분한 서비스를 제공할 수 없기 때문이죠."

그가 사장으로 있을 때 인터컨티넨탈호텔서울은 아시아·태평양 인터컨티넨탈그룹 19개 호텔 중 직원만족도 1위를 차지했다. 호텔에 마지막으로 출근한 날 많은 직원들이 그와의 이별을 아쉬워하며 눈물을 흘렸다.

## ■ 사소한 불만이 돌이킬 수 없는 결과를 낳는다

심 전 부회장은 8년여 동안 인터컨티넨탈호텔 사장을 지낸 후 여행사 레드캡투어 사장으로 있었다. 당시 여행 업계엔 중국 쓰촨성 대지진, 신종플루 등의 악재가 줄줄이 터졌다. 그 무렵 한 여행 업계 전문지가 실시한 전화응대 친절도 조사에서 레드캡투어가 업계 최하위를 기록했다.

그는 CS고객만족혁신팀을 만들어 지속적으로 서비스교육을 실시했다. 직원들이 친절해지자 상담고객과의 통화가 길어졌고, 그에 따라 예약이 눈에 띄게 늘어났다. 직원들의 태도 변화를 고객이 느끼면서 실적이 좋아진 것이다. 이런 성과를 바탕으로 최고 350%의 인센티브를 직원들에게 지급했다. 그 후 친절도 조사 순위는 3위로 뛰었고, 이듬해부터 2년 연속 1위를 차지했다. 레드캡투어의 친절도 순위 수직상승은 여행 업계에서 작은 화제가 됐다. 심 전 부회장은 이 일로 '불만을 품고서 조용히 이탈하는 고객을 잡아야 한다'는 깨달음을 얻었다.

"제품·서비스에 불만인 고객이 해당 기업에 직접 항의하는 비율은 6%에 불과합니다. 반면 불만고객 중 31%가 주변에 부정적인 입소문을 퍼뜨리죠. 미국 펜실베이니아대 와튼스쿨의 조사 결과입니다. 그래서 이 보고서는 나머지 63%, 즉 '침묵하는 불만고객의 입을 열게 해야 한다'고 주장합니다."

와튼스쿨 연구보고서에 따르면, 불만고객도 해당 기업이 불만족의 원인을 개선하거나 불만을 경청하고 왜 개선할 수 없는지 설명해주면 90%가 다시 돌아선다. 불만고객을 잡는 것은 경영의 오랜 화두인데, 이 보고서는 이들의 중요성을 데이터로 생생하게 보여줬다. 심 전 부회장은 이 보고서 덕에 불만투성이인 고객이야말로 기업에 소중한 도움과 이익을 안겨주는 1등 고객이라는 교훈을 되새길 수 있었다.

그는 조직의 구성원들에게 '하인리히 법칙Heinrich's law'을 자주 이야기한다. 1930년대 초 미국의 한 보험회사 관리자로 일하던 허버트 윌리엄 하인리히Herbert William Heinrich는 고객상담을 통해 사고가 일어나기까지의 과정을 밝혀낸다. 분석 결과 한 건의 대형사고가 터지기까지 그와 유사한 29번의 가벼운 사고가 발생했고, 300번 이상의 징후가 있었다. 이렇게 1 : 29 : 300의 하인리히 법칙이 탄생했다.

"여행업이든 렌터카사업이든 고객의 사소한 불만을 우리가 300번 간과하면 대형사고가 날 수 있다고 구성원들에게 말합니다. 하인리히 법칙의 응용이죠. 불만의 원인이 무엇인지, 잘못된 고객응대 때문인지, 시스템의 문제인지, 그때그때 밝혀내 대책을 세워야 합니다. 업종은 달라도 서비스의 본질은 하나입니다. 고객만족이죠. 고객만족이란 고객의 불만이 0인 상태를 말합니다. 기업은 침묵하는 불만고객을 찾아내 지속적으로 말을 걸어야 합니다."


## ■ 고객의 소리가 기업 경영의 교과서

현대사회의 고객은 전문가 집단이라고 할 수 있다. 자신이 보유한 자원인 재화와 시간을 헛되이 쓰지 않는 소비 전문가다. 이 때문에 많은 기업이 고객 모니터링단을 운영해 고객의 소리를 직접 청취한다. 웹web과 앱app 덕에 소비자들은 갈수록 스마트해지고 있다. 기업이 질 낮은 서비스와 저가 위주의 상품 공급으로 일관할 수 없는 배경이다. 고객의 소리가 곧 기업 경영의 교과서라는 생각으로 CEO가

고객과 함께하는 경영을 실천하지 않으면 도태될 수밖에 없다.

심 전 부회장이 레드캡투어 사장이던 시절 회사는 2년 연속 해외 여행사업 부문 고객만족도 1위를 기록했다. 레드캡투어의 콜센터는 한국능률협회컨설팅KMAC으로부터 한국에서 가장 서비스품질이 높은 우수 콜센터로 선정된 바 있다. 또 당시 여행 업계에서 유일하게 KSQI한국산업서비스품질지수 90점 이상을 받았다. 여행사 콜센터의 서비스 품질 평가는 회사 브랜드나 매출처럼 기업 관점이 아니라 고객의 관점에서 이뤄지는 평가다.

온화한 성품의 심 전 부회장은 재계의 마당발로 통한다. 늘 사람을 소중히 여기고 진심으로 대해 상대의 마음을 움직였기 때문이다. 그는 '폭탄주 제조의 대가'로도 잘 알려져 있다. 2001년 한양대 국제관광대학원 최고엔터테인먼트과정을 수료할 땐 「폭탄주에 대한 소고小考」라는 논문을 썼다. 와인에 대한 남다른 애정으로 2007년 와인 박람회인 비넥스포VINEXPO에서 와인 기사작위를 받기도 했다.

술에 관한 잡학다식 덕에 술 강의도 숱하게 했다. 인터컨티넨탈호텔 사장으로 있을 때 대학 호텔 관련 학과에서 CEO 특강을 요청받은 것이 계기가 됐다. 학교에서는 가르치지 않지만 학생들에게 실제로 도움 되는 게 뭐가 있을까를 생각하다가 세계의 술 문화를 주제로 강연을 시도했는데 반응이 좋았다고 한다. 입소문이 나면서 특수대학원 최고경영자과정, 지방대학, 기업, 무역협회 등 기관으로부터 강의 요청이 쇄도했다.

술 강의 때면 술의 역사부터 양조기술, 술의 종류, 발효주의 세계, 와인 레이블 읽는 법, 와인 잔의 종류 등을 다룬다. 맥주, 위스키, 브랜디, 진, 보드카, 데킬라, 중국 술, 일본 술 등에 대한 설명도 곁들인다. 이때 빠뜨리지 않는 게 폭탄주 제조 시연이다.

심 전 부회장에 따르면 외국사람들도 폭탄주를 마신다. 싱가포르 등 동남아에서는 잠수함을 공격하는 폭뢰에 비유해 폭탄주를 '뎁스차지depth charge'라고 부른다고 한다. 스웨덴과 핀란드에서는 잠수함을 뜻하는 '서브마린submarine'이라고 한다. 미국에서는 폭탄주를 '보일러메이커boilermaker'라고 하는데, 영화 〈흐르는 강물처럼A River Runs Through It〉에 폭탄주 마시는 장면에 이 단어가 등장한다.

그가 만들 수 있는 폭탄주는 30여 가지에 이른다. 태권도주, 월드컵주, 가라테주, 스윙주, 미사일주, 다이아몬드주, 타이타닉주, 무지개주, 쌍끌이주 등으로, 직접 개발한 것들도 있다. 폭탄주를 제조할 때는 두 가지 원칙을 지킨다. 첫째는 절대 고급 위스키를 쓰지 않는 것이고, 둘째는 술을 못 마시는 사람에게 억지로 권하지 않는 것이다.

# 변화의 물결에
# 가장 먼저 올라타라

;

역사적 필연성이 있는 사업을 하라.

◆ 일본 소프트뱅크 회장 손정의<sup>孫正義</sup>가 한 말 ◆

김동호 한국신용데이터 대표는 아이디인큐<sup>현 오픈서베이</sup>와 한국신용데이터를 5년 간격으로 연이어 창업했다. 2011년 설립한 아이디인큐는 2013년 소프트뱅크벤처스로부터 16억 원을 투자받아 국내 모바일리서치 시장의 대표 브랜드로 성장했다. 한국신용데이터는 중소사업자를 대상으로 하는 신용평가 모형을 개발해 2016년 말에 출시했다.

이십 대에 두 번의 창업에 성공한 김 대표는 "산업의 역사를 살펴보면 어떤 필연적인 흐름이 있다"고 말한다. 필연성은 우연성과 반대되는 것으로 반드시 그렇게 될 수밖에 없는 요소나 성질을 가리킨다. 이 점에서 가능성과도 구별된다.

1. VISION — 기업의 미래를 보다

"필연적 흐름에 역행해 새로운 비즈니스를 개척하기란 굉장히 힘들어요. 어느 산업이나 지속적으로 혁신이 일어나기는 하죠. 하지만 비즈니스에 성공하려면 필연적인 시대의 흐름을 타야 합니다. 아이디인큐를 창업할 당시인 2011년 초만 해도 스마트폰이 700만 대가량 보급됐죠. 시대의 방향이 51%는 결정됐을 때였으니까 어떤 의미에서는 현실적인 접근이었습니다. 이에 비해 카카오톡 김범수 이사회 의장은 그로부터 1년 전 스마트폰이 130만 대쯤 보급됐을 때, 시장이 불투명한 상황에서 모바일사업을 런칭했어요. 새로운 시대를 여는 사람들은 흐름의 방향이 정해지기 전에 시장에 뛰어듭니다."

그는 새 시대를 연 또 한 명의 기업가로 김재철 동원그룹 창업주를 꼽았다. 부경대옛 국립수산대 출신인 김재철 회장은 1950년대 후반 한국의 원양어선 1호가 출항한다는 신문 공고를 보고 승선을 지원했다. 20년 경력의 선원도 그때까지 타본 적 없는 배였다. 1년간 무급으로 일하겠다고 우겨 이 배에 오른 그는 약관 28세에 원양어선 선장이된다. 이 무렵 우리나라는 제2차 경제개발 5개년 계획 덕에 국내총생산GDP이 급성장했고 원양어업은 비약적으로 발전했다. 그러니까 그 시대에 원양어업은 역사적 필연성이 태동하던 산업이었던 셈이다.

"김재철 회장은 그런 의미에서 선구안이 있었다고 봅니다. 이런 선구안이 생기려면 자신이 뛰어들려는 산업의 역사를 공부해야 합니다.

IT 산업의 경우 PC의 보급, PC통신 및 초고속인터넷의 보급, 스마트폰의 보급이 산업의 전환점이었는데, 스마트폰의 확산은 앞의 두 이정표를 보고 어느 정도 예측이 가능했어요. 제가 한국신용데이터를 설립해 핀테크사업에 뛰어든 것도 앞서 2015년 여름 핀테크 활성화 이야기가 나온 후였습니다."

## ■ 주인 없는 빈 산은 아직도 많다

스마트폰 보급은 이미 포화상태다. 네이버 등 대기업들이 진치고 있는 모바일 시장에 여전히 기회가 있을까? 김 대표는 아직 빅 플레이어가 뛰어들지 않은 무주공산無主空山이 지금도 많을 거라고 말했다. 일례로 피트니스 O2OOnline to Offline 업체 인밸류넷을 꼽았다. 이 회사는 통합회원권이라는 아이디어 하나로 8년에 걸쳐 전국의 약 2,300개 피트니스를 묶었다. 하나의 회원권으로 어디든 이용할 수 있다. 이 회사가 이 비즈니스에 뛰어든 건 O2O 붐이 일기 전이었다.

"모바일 시장은 여전히 기회의 땅이죠. 우리나라는 자본주의 체제의 후발주자입니다. 서방에 벤치마크가 많다는 것이 우리의 이점이에요. 불확실성이 크다는 건 관점을 바꾸면 기회가 많다는 이야기입니다. 불확실성은 변동성의 이음異音동의어예요. 사업 기회가 많지 않던 분야에서 국지적으로 기회의 문이 수시로 열릴 겁니다. 변화의 속도가 빠른 시장엔 비즈니스 기회가 극대화됩니다. 경제성장률이 2%라면 어떤 산업이나 어떤 지역에서는 10%의 성장이 이뤄질 수도 있고 반대로 마이너스 성장을 목도할 수도 있습니다. 직장인도 나의 커리어를 지속가능한 흐름 속에 있는 산업에 베팅해야 합니다. 역사적 필연성이라는 화두는 창업가의 전유물이 아니에요."

O2O 붐과 동떨어진 분야에서는 역사적 필연성이 어떻게 적용될까? 그는 의료영상진단 스타트업 루닛을 지목했다. 기술력이 뛰어난 이 회사는 국내파 카이스트 박사들이 창업했다. 미국의 유명 IT 미디어가 뽑은 글로벌 100대 AI인공지능 기업으로 진단의 정확도가 IBM이나 구글보다 높다는 평가를 받는다.

"베이비부머 세대인 동네 병원 의사가 루닛의 이미지 인식 기술을 활용해 MRI · 엑스레이X-ray 사진을 보고 진단을 하면 시간이 단축돼 나머지 진료시간을 환자와의 소통에 돌릴 수 있습니다. 친절하다는 평판을 얻으면 의사로서 경쟁력도 높아지죠. AI 시대 경쟁력은 기술개발의 주체에게만 요구되는 게 아닙니다. 앞으로 10년 이상 유저user로서 기계를 잘 다루는 능력이 개인의 경쟁력을 좌우할 거예요. 새 기술을 열린 자세로 탐색해보고 새로운 기계를 다룰 줄 아는 스마트 유저가 돼야 합니다."

# ■ 지금 배부르다고 안주하면 망한다

　김 대표는 또 안전지대와 안락지대를 혼동하지 말아야 한다고 말했다. 안락지대를 설명하기 위해 다이어트를 예로 들었다. 불편하고 움직이기 싫은 몸을 움직여야 다이어트에 성공한다. 안락한 환경에서 벗어나 손발이 고생해야 한다는 것이다. 머리가 나쁘면 손발이 고생한다는 말도 있지만 머리가 잘 돌아가는 게 능사가 아닐 때도 있다. 잔머리를 굴리면 몸을 움직이는 다이어트는 성공하기 어렵다.

　"배부르고 등 따스운 곳은 안락지대일 가능성이 커요. 대체로 변동성이 작고 사람들이 좋다고 말하는 곳이죠. 변동성을 지렛대로 변화를 만들어내고 그 변화 속에서 기회를 잡는 주체가 될 거냐, 변화의 영향을 받는 객체가 될 거냐는 결국 선택의 문제입니다."

　안락지대에 안주할 경우의 위험은 필름 산업의 세계 최강자였던 코닥의 몰락을 예로 들 수 있다. 최초의 디지털카메라는 코닥의 연구원이 개발했다. 코닥은 1,000건의 관련 특허도 보유하고 있었다. 제품화를 검토하는 과정에서 디지털카메라가 보급되면 고수익을 내는 필름사업부가 붕괴한다는 지적이 나왔다. 자기 시장을 스스로 잠식하는 '카니발라이제이션cannibalization'에 대한 우려였다. 제 살 깎기를 회피한 결과 코닥 제국의 영광은 빛을 잃고 말았다. 디지털이라는 대세의 역사적 필연성을 외면했기 때문이다.

국내 통신사들이 무료 메신저에 대한 발상을 했지만 서비스를 미뤄 카카오톡에 시장을 빼앗긴 것도 이런 '혁신가의 딜레마innovator's dilemma, 시장 선도기술을 가진 거대기업이 지속적인 혁신을 이뤄내지 못하고 후발기업의 새로운 기술에 시장지배력을 잠식당하는 경우'로 설명할 수 있다. 뒤늦게 통신 3사가 힘을 합쳤지만 그 막대한 인력과 자금을 투입하고도 결국 모바일메신저 시장을 탈환하지 못했다. 결과적으로 무료 메신저라는 비즈니스는 우연한 기회가 아니라 역사적인 필연성을 띤 산업의 흐름이었던 셈이다. 말하자면 '통신 공룡'들이 패러다임의 변화를 읽지 못한 것이다. 휴대폰 명가였던 핀란드 회사 노키아의 조락凋落도 결국 스마트폰 시대에 제대로 대응하지 못한 탓이다.


# ■ 산업 패러다임의 전환을 항상 주시하라

자율주행차가 널리 보급되면 전통적인 자동차 메이커들은 매출이 줄어들 가능성이 크다. 운전자에 의존하지 않는 주행 시대엔 역설적으로 누구나, 아니 아무나 자동차를 주행할 수 있기 때문이다. 심지어 시각장애인도 주행을 할 수 있다. 그래서일까? 지금까지 자동차 기술개발은 자동차 제조업체들이 주도해왔다. 그런데 자율주행차 관련 기술은 IT 기업들이 더 활발하게 연구한다. 검색엔진으로 출발한 IT

기업 구글과 그래픽기술 전문 업체 엔비디아$^{NVIDIA}$가 대표적이다. 자율주행차는 자동차 산업의 패러다임을 바꿀 것이 확실시된다.

김 대표는 "이런 기술 변동성을 남보다 앞서서 받아들여야 비즈니스 기회를 얻는다"고 말했다. 거대기업들이 놓친 기회를 운 좋은 후발주자들이 이삭줍기 할 것이다. 그는 AI의 영향으로 20년 안에 사무직의 절반 이상이 어떤 형태로든 일이 바뀔 것으로 내다봤다.

"기계가 사람보다 더 뛰어난 단순반복과 모방 업무는 그 영향이 더 클 겁니다. 예를 들어 빈칸에 숫자를 채우는 회계·경리는 기계가 더 잘 하겠지만 예술이나 심리상담은 기계가 잘하기까지 상당히 오랜 시간이 걸릴 거예요."

결국 한때 영어 능력이 그랬듯이 AI에 대한 친화력이 일과 삶을 결정하는 '제2의 디지털 디바이드$_{digital\ divide,\ 디지털\ 경제에서\ 나타나는\ 계층\ 간\ 불균}$ $_{형.\ 경제적·사회적\ 여건\ 차에\ 의해\ 발생하는\ 정보\ 격차}$ 시대'가 될 것이라는 전망이다. 'AI 디바이드 시대'라고도 할 수 있겠다.

# 내 머릿속 지식공장을
# 풀가동하라

;

우리는 모두 지적 기업가다.

◆ **프리드리히 하이에크**Friedrich Hayek, **『자유헌정론**The Constitution of Liberty』 **중에서** ◆

공병호경영연구소의 공병호 소장은 본래 경제학을 전공한 이코노미스트다. 싱크탱크의 수장, 벤처 CEO를 거쳐 지금은 18년째 콘텐츠 만드는 일에 종사한다. '1인기업가의 모델'이라는 소리를 듣는 그는 조직에 몸담았던 시절에도 일반적으로 조직이 요구하는 최소한의 요건을 충족하는 것에 만족하지 않았다. 조직 속에 있었지만 조직에 매이지는 않은 지적 기업가였던 셈이다. 자신이 설립을 주도하고 초대 원장을 지낸 자유기업원을 떠나 기업으로 옮긴 것도 이런 기업가정신이 그 안에서 작동했기 때문이었을 것이다.

공 소장은 "우리는 모두 지적 기업가"라는 영국 경제학자 프리드리히 하이에크의 말에 대해 현대 지식중심사회를 꿰뚫어본 날카로운 지적이라고 평가했다. 그도 그럴 것이 '현대 경영학의 아버지'라고 불리는 미국의 피터 드러커Peter Drucker보다 몇 십 년 전에 지식사회의 도래를 예측했기 때문이다.

"단적으로 제가 하는 콘텐츠 생산이 꼭 그렇습니다. 저는 어느 조직에도 속해 있지 않으면서 제가 생산한 콘텐츠를 팔아 생계를 유지합니다. 말하자면 콘텐츠를 생산하는 자영업자죠."

그는 이런 식의 자기규정이 유시민 작가가 자처하는 지식소매상과는 다르다고 설명했다. 소매상은 판매자지만 자신은 생산자라는 이유에서다.

## ■ 지식 공급의 주체로서 자신을 브랜드화하기

공 소장은 삼십 대 초반에 하이에크의 '지적 기업가' 아이디어를 처음 접했고 전적으로 공감했다. 이런 관점에서 보면 젊은 날에 하는 공부는 지적 기업가로 입신하기 위해 인프라를 구축하는 활동이라고 할 수 있다.

지식사회에서 우리는 어느 조직에 속하든, 심지어 대학생도 지적

기업가다. 대학생이라면 이른바 스펙을 쌓더라도 유행 따라 남들이 많이 하는 것 말고 자기 관점을 정립하고서 자기만의 고유한 스펙을 구축해야 한다. 젊은 날이라는 시간자원을 써서 과연 어떤 리스크를 안을 건지 스스로 결정해야 한다. 남의 인생을 대신 사는 게 아니라 자기 인생을 살아야 하기 때문이다. 모든 선택엔 비용과 더불어 리스크가 따르기 마련이다.

기업이 그러듯이, 우리는 지적 기업가로서 시장이라는 외부 환경을 살피는 한편 공급의 주체로서 나 자신을 제대로 파악해야 한다. 그는 자신을 예로 들어 가능성과 한계에 대해 이렇게 설명했다. 우선 분석능력이 탁월하지도, 그다지 영민하지도 않아 대학 교수로 대성할 재목이 못 된다. 개인주의 성향이 강하고, 순발력·암기력·체력이 떨어지는 데다 술과 골프를 멀리해 대기업에 들어가더라도 임원까지 승진할 가능성이 낮다. 반면 스토리텔링에 대한 재능과 종합하는 능력은 뛰어나다고 자부했다. 그래서 마침내 국내 유일의 브랜드인 '공병호'를 스스로 만들어냈다.

실제로 그는 독보적인 저술활동으로 대부분의 교수보다 브랜드가치가 높다. 이를 바탕으로 한 강연활동으로 웬만한 상장사 CEO만큼 수입을 올린다. 강연·저술·컨설팅·사외이사 활동 등이 그가 구축한 사업 포트폴리오다. 과거 한 경제주간지가 선정한 '한국의 경영대가' 4위에 뽑힌 일도 있다. 당시 10위권에 든 인사 중 교수나 CEO가 아닌 사람으로는 그가 유일했다.

그는 "온 국민이 지적 기업가로 자리매김하는 게 곧 한국인이 잘 사는 길"이라고 주장한다. 지난 20여 년간 그는 인간은 누구나 지적 기업가라는 생각대로 살면서 이 철학을 세상에 전파했고 미래세대에게 전수했다. 학생과 일반인을 대상으로 한 공병호자기경영아카데미가 그 통로였다.

공병호는 지금까지 100여 권의 책을 냈다. 대부분 실용서다. 그런 그가 2016년 오십 대 후반의 나이에 평전 작가로 데뷔했다. '파도를 헤쳐온 삶과 사업 이야기'라는 부제가 달린 『김재철 평전』을 낸 것이다. 요즘 평전 저술에 주력하는 그는 자신의 대표작으로도 동원그룹·한국투자금융지주 창업자 김재철 회장의 전기인 이 책을 꼽는다. 나아가 국내 평전 작가 1호를 자처한다.

평전 출판이 활발한 유럽과 미국에서도 평전은 보통 소설가나 저널리스트가 쓴다. 내용도 주로 주인공에 대한 스토리텔링이다. 반면 그의 평전은 주인공이 몸담은 산업의 성장사를 함께 다뤄 연구서를 겸한다. 분석적인 스토리북이라고 할 수 있다. 『김재철 평전』엔 수산업 발전사를 담았다. 봉제기업인을 다루는 다음 평전에선 봉제산업 성장사를 조명하려 한다.

평전 작가로서 그는 좋은 조건을 갖췄다. 우선 예향藝鄕인 경상남도 통영 태생이다. 화가 이중섭, 시인 유치환과 김춘수, 소설가 박경리, 작곡가 윤이상을 배출한 곳이다. 그는 "서울의 중산층 출신이 아니기에 평전의 주인공들이 통과한 1930~1940년대의 신산한 삶을 이해할 수 있다"고 말했다.

"평전에서 제가 다루는 분들과 나이 차를 떠나 동년배처럼 대화할 수 있다는 게 저로서는 복이죠. 그동안 쓴 다양한 실용서는 결과적으로 평전을 쓰기 위한 습작이었다고 봅니다. 어떤 의미에서 저에게 평전의 세계는 무주공산이라고도 할 수 있어요."


## ■ 현실을 직시하고 자기기만을 경계하라

현대는 누구도 보호해주지 않는 불확실성의 시대다. 기술이 근본적으로 바뀐 탓에 기업가정신으로 무장해 부단히 창조적 파괴를 시도하지 않으면 생존 자체가 불투명하다. 이런 시대를 살아가는 지혜는 현실을 직시하고 스스로에게 정직해지는 것이다. 특히 자기기만을 경계해야 한다. 이 근본적이고도 혁명적인 변화의 시대에 유일하게 통하는 금과옥조金科玉條는 진부하지만 유비무환有備無患이다. 흐름 flow이 대세인 시대엔 머물면 추락할 수밖에 없다.

성공한 CEO들이 좋은 예다. 이들은 모든 걸 알고서 비즈니스를 하지 않는다. 학습속도가 빠르지만 그보다는 실험정신이 뛰어난 사람들이다. 사실 시도해보지 않고는 내가 무엇에 강한지도 알 길이 없다.

1인기업가에게 요구되는 자질은 무엇일까? 무엇보다 자신의 핵심 역량 내지 본질적 경쟁력을 꾸준히 유지하는 능력과 노력이다. 고객에게 내가 전달하려는 가치가 무엇인지 스스로 명확히 인식하고 그것에 시간과 에너지라는 자원을 지속적으로 투입할 수 있어야 한다. 그래야 시장에서 성과를 제대로 평가받을 수 있다. 이 점에서 1인기업도 일반 회사와 똑같은 기업이다.

다음으로 자기규율에 능해야 한다. 재능이 있어도 자기절제에 실패하면 1인기업가로 자리매김할 수 없다. 한때 잘나가더라도 조락한 세계적인 대기업처럼 결국 몰락의 길을 걸을 수밖에 없다.

공 소장은 1인기업가로서 자신의 경쟁력은 가슴과 머리를 차지한 지식공장을 풀가동하는 것이라고 말했다.

"끊임없이 사람들을 관찰하고 부단히 읽어 저만의 지적 생산물을 만들어냅니다. 그랬기에 종래의 평전과는 다른 장르의 평전을 쓸 수 있었죠. 미국 서부 여행을 다녀온 후 기록한 여행기도 학습을 병행하는 형식으로 꽤 써놨는데 평전 작업에 밀려 마무리를 못하고 있습니다. 『김재철 평전』보다 더 나은 책도 분명 나올 겁니다. 현대사를 개인에 초점을 맞춰 기록하고 가야겠다는 생각을 요즘 많이 합니다."

앞으로 평전을 한 50권 쓰고서 인생을 하직하고 싶다는 그에게 묘비명을 어떻게 남기고 싶은지 물었다. 그는 "생의 마지막 순간까지

이 사회에 뭔가 플러스가 되려 했던 사람"이라고 대답했다. 다시 태어나도, 고되지만 지금처럼 이 세상에 족적을 남기는 삶을 살고 싶다는 게 지적 기업가 공병호의 바람이다.

# 날마다 새로워져야
# 이루어진다

;

일신우일신日新又日新.

◆ 중국의 첫 역사서 『상서尚書』에 실려 있는 은나라 탕왕湯王의 글 「반명盤銘」에서 ◆

김종훈 한미글로벌 회장은 '한국의 100대 CEO'에 열한 번 선정됐다. 그는 CM<sup>Construction Management, 건설사업관리</sup> 전문 회사 1호인 한미글로벌을 설립해 국내에 CM 시장을 창출했다. CM은 기획·설계에서 시공·감리에 이르기까지 건설사업의 전 과정을 건축주를 대신해 관리·감독하는 일이다. CM사에 일을 맡기면 공사비가 절감되고 공기工期도 단축되는 효과가 있다.

1995년 6월에 일어난 삼풍백화점 붕괴사고 후 김 회장은 CM을 국내에 도입하기로 마음먹었다. 한미파슨스<sup>한미글로벌의 전신</sup>를 창업한 1996년, 국내엔 비즈니스모델도 이 일을 맡을 만한 인력도 없었다.

건축주를 찾아다니며 설명할라 치면 "CM이 CM송의 준말이냐"고 반문하기 일쑤였다. 더욱이 건설 불황이 극심했다. 그는 "원가 10% 절감, 공기 30% 단축. 사장님은 테이프커팅만 하십시오"라는 카피를 만들어 광고하는 한편, 혁신을 통해 쌓은 경쟁력을 바탕으로 공격적인 수주에 나섰다. 1998년 1%의 가능성에 도전해 상암동 월드컵 주경기장 CM을 수주한 그는 아시아 최대 규모의 이 축구 전용경기장을 예정보다 4개월 앞당겨 준공했다.

그로부터 20년 뒤, 세계 50개국에 진출한 한미글로벌은 2017년 세계 CM·PM 업체 12위세계적인 건설주간지《ENR》이 매긴 순위로 미국 기업은 제외에 올랐다. 상당한 규모의 미국 설계·엔지니어링 회사 오택OTAK도 인수했다. 신도시를 수출하는 새로운 비즈니스에 뛰어들기 위한 포석이었다.

"한미글로벌은 벤처 성격을 띤 혁신기업입니다. 우리 회사가 거둔 성공의 한 요인은 지속적인 혁신과 변화의 추구라고 할 수 있죠."

김 회장의 삶은 혁신으로 점철돼 있다. 고희古稀를 바라보는 나이지만 지금도 여전히 날마다 새로워지려고 애쓴다. 존재being하는 데 그치는 것이 아니라 생성becoming하기 위해서다. 경영 좌우명도 '일신우일신'이다. 중국 고대 은나라의 시조 탕왕은 세숫대야에 이 글귀를 새겨놓고 세수할 때마다 어른거리는 물에 비치는 글자를 들여다봤다고 전해진다.

아침형 인간인 그는 보통 새벽 5시 전에 일어나 맨손체조를 한 후 그날 할 새 일을 떠올린다. 늘 새로운 일에 관심이 많을 뿐더러 새로운 세계에 발을 들여놓고 새로운 사람들을 만나는 일을 즐긴다. 그래서 여행을 많이 다닌다. 특히 해외출장 길엔 혼자만의 시간을 내 독서삼매경에 빠져든다. 책 읽기를 통해 새로운 아이디어를 끌어내려는 것이다.

"서양사람들의 아침인사 'What's new?'도 따지고 보면 일신우일신처럼 새로워지자는 뜻이 담긴 말이죠. 살아가면서 끊임없이 변화를 추구해야 한다는 건 동서고금을 관통하는 오랜 지혜이자 생활철학입니다. 날마다 새로워지면 인생이 온통 새로운 일로 가득해져요. 더욱이 지금은 새로워지지 않으면 생존 자체가 불가능한 시대입니다. 개인이든 조직이든 새로워지지 않고 변하지 않으면 더 이상 지속가능하지 않은 시대에 우리는 살고 있습니다."

## ■ 내부고객부터 만족시켜야 외부고객도 만족한다

김 회장이 하는 또 다른 도전은 한미글로벌을 행복한 일터, 꿈의 직장으로 만드는 것이다. 이 회사는 7년 연속 GWP<sup>Good Work Place</sup> 상을 받았고, 2016년 세계 최대 인사·조직 컨설팅 회사 에이온휴잇Aon Hewitt이 선정하는 '한국 최고의 직장'에 4회 연속 뽑혔다. 구성원들이 출근하고 싶어 안달하고 휴가 때도 동료가 그리워 빨리 복귀하고 싶어 하는 직장을 만들기 위해 고객과 주주보다 직원 이익을 우선하는 정책을 썼다. 구성원이 만족하는 경영의 종착역을 그는 '천국 같은 직장'으로 상정한다.

"말레이시아 쌍둥이빌딩 KLCC 현장소장으로 근무할 때의 일입니다. 현지 학교에 다니던 아이들이 방학을 맞았는데 온종일 시무룩하더라고요. 왜 그러느냐고 딸에게 물었더니 세상에, 방학을 해서 그렇다는 거예요! 그때 '학교에 가는 게 훨씬 즐겁다'는 아이들 이야기를 듣고서 언젠가 그런 회사를 만들겠다는 꿈을 꾸게 됐죠."

그는 경영지원 부서에 "회사와 구성원 간에 이해가 상충하면 회사 편에 서지 말고 구성원 편에 서라"는 지침을 줬다. 한미글로벌은 사규 가운데 모호한 조항을 적용할 때 무조건 구성원에게 유리하게 해석한다고 한다.

"내부고객인 구성원이 만족하면 그 구성원이 외부고객을 만족시킵니다. 결국 회사의 실적이 좋아지고 그 과실이 주주에게 돌아가게 마련이죠. 일종의 선순환이 이루어지는 겁니다."

한미글로벌은 주인과 구성원이 일치하는 기업이다. 창립 당시엔 김 회장을 비롯해 구성원들이 회사 주식을 단 한 주도 갖고 있지 않았지만 지금은 100% 구성원이 소유하고 있다. IMF 체제로 혹독한 위기를 맞았을 땐 한 명도 퇴출시키지 않고 고통 분담으로 극복했다.

날마다 새로워져야 한다면 변하지 않도록 지켜야 할 것은 무엇일까?

"고유의 기업문화, 그중에서도 윤리규정 같은 겁니다. 회사의 철학도 지켜야 합니다. 개인으로 치면 스스로 정립한 인생관에 해당하는 것이죠."


## ■ 기업도 얼마든지 '소셜 닥터'가 될 수 있다

김 회장은 기업이 세상을 바꿀 수 있다는 믿음을 갖고 있다. 수단은 사회공헌활동이다. 한미글로벌 임직원은 고용계약에 명시한 의무에 따라 전원이 매달 사회공헌을 위한 현금 기부를 한다. 급여의 1%를 기부하면 더블매칭그랜트double matching grant 방식에 따라 회사가 그 두 배에 해당하는 금액을 기부한다. 결국 전 임직원 급여의 3%가 지속적으로 사회공헌활동에 투입되는 셈이다. 매달 넷째 주 토요일엔 전체 임직원이 전국 30여 곳의 사회복지 기관 및 시설에서 봉사활동을 벌인다. 특별한 사정이 없는 한 참가하게 돼 있어 봉사활동 참여율은 100%에 가깝다.

한미글로벌은 2000년 임직원 자녀 학자금 지원에 대한 인원 제한을 폐지했다. 그 후 입양아에게도 친생자와 마찬가지로 학자금을 지원키로 했다. 제도적으로는 친생자 열 명에, 스무 명을 입양했어도 전원 대학 졸업 때까지 학자금을 전액 지원받을 수 있다. 그래도 회사가 부담하는 금액이 딱히 늘어나지 않았다.

"출산한 여성에게 산전후 휴가기간 포함해 6개월의 휴가를 의무화하고 자녀가 셋 이상인 구성원에겐 인센티브를 지급합니다. 그래도 아이를 갖지 않아요. 결혼추진위원회를 만들어 노총각·노처녀 장가·시집 보내기 운동도 벌였고, 노총각 과장에게 올해 장가 안 가면 강등시키겠다고 '협박'까지 했어요. 저출산 문제가 정말 심각합니다. 이대로 가면 2305년에 지구상에서 한국인이 멸종된다고 합니다. 출산도 국방의 의무 같은 일종의 사회적 의무로 받아들여달라고 젊은이들에게 호소하고 싶습니다."

이 회사 구성원들은 심지어 '네 자녀 낳기 운동'에 참여해야 한다. 입사 면접 때 "아이를 몇 낳을 거냐"는 질문을 받고 입사가 확정되면 네 자녀를 낳겠다는 다짐 차원의 서약서를 작성한다. 김 회장은 탁아시설 등 출산을 지원하기 위한 사회 인프라 구축도 기업이 나서야 한다고 말했다.

"우리 회사가 세 들어 있는 건물 입주사들과 공동으로 탁아소를 세우려고 했더니, 관련법에 탁아소는 1층에만 만들 수 있게 돼 있답니다. 1층은 임대료가 비쌀 뿐더러 그럴 만한 공간도 없는데 말이죠. 이런 시대착오적인 법부터 고쳐야 합니다."

그는 서울대 건축과를 나와 한샘건축연구소에서 말단 엔지니어로 사회생활을 시작했다. 대기업도 아니었다. 건설업계에서는 엔지니어를 '소셜 닥터'라고 부른다고 한다. 김 회장이야말로 사회를 치료하는 기업가 의사로서 손색이 없다.

# 굳게 닫힌 문 뒤에
# 미래가 있어요

;

결국 내 손으로 저 문을 열고 들어가야겠죠.
어쨌든 나한테 주어진 내 삶이니까요.

◆ **시몬 드 보부아르**Simone de Beauvoir, 『**위기의 여자**La Femme Rompue』 **중에서** ◆

송혜자 우암코퍼레이션 회장은 1993년 스물일곱에 정보통신 벤처를
창업했다. 4평짜리 사무실에서 시작했다. 이렇다 할 학연·지연도 없
었고 부모에게서 종잣돈을 받은 것도 아니었다. 대학에서 컴퓨터공
학을 전공했다는 게 거의 유일한 자산이었다. 그는 설사 회사가 망하
더라도 이십대의 창업 경험은 무엇보다 가치가 있을 거라고 믿었다.

"기업을 하다보면 역경에 부닥칠 때가 많습니다. 그럴 때면 내 안에서
그 역경을 극복하려는 나와 반대로 포기하려는 내가 서로 싸웁니다.
아무리 어려워도 포기한 적은 거의 없어요. 항상 역경을 극복하려는

내가 더 강했기 때문이죠. 중학교 2학년 때 읽은 여류작가의 책 두 권이 저를 강한 사람으로 바꿔놓았습니다. 시몬 드 보부아르의 『위기의 여자』와 샬롯 브론테Charlotte Bronte의 『제인 에어Jane Eyre』죠."

그는 "중학교 때 집안의 여러 형편이 안 좋았는데 남들 공부하는 시간에 이들 책에 빠져 나름의 자아 찾기를 했다"며 웃었다. 고아 출신인 제인 에어는 불우한 어린 시절을 보내지만 당당하게 고난을 이겨내고 자신의 사랑을 찾는다. 철학자이기도 한 보부아르는 "여성은 여성으로 태어나는 게 아니라 여성으로 만들어지는 존재"라고 주장했다. 송 회장은 능력 있고 당당한 여성이 되어 미래의 삶을 스스로 개척해가리라 마음먹었다. 그러기 위해서는 전문직에 종사하는 것이 좋겠다고 생각했다.

사업은 잘됐고 돈도 꽤 벌었다. 그런데 엔지니어 출신 기업가로서 자체 개발한 솔루션이 없다는 게 걸렸다. 연구개발에 집중적으로 투자했다. 하지만 중소기업이 자체적으로 제품을 개발하기란 만만치 않았다. 자금이 바닥나고, 이러지도 저러지도 못하는 상황이 됐다. 벤처캐피털 쪽에선 왜 기업공개를 하지 않느냐고 아우성이었다. 빈털터리가 됐을 때에 대비해 사둔 땅을 팔아 위기에서 겨우 벗어났다.

"벤처기업인 만큼 기술이 우선이라고 생각했습니다. 그런데 의욕적으로 내놓은 화상회의 솔루션이 잘 안 팔렸습니다. 고객분석을 해보

니 이런 소프트웨어 도입의 의사결정권자가 시력이 좋지 않은 오륙
십대 컴맹들이더라고요. 그래서 문서회의 시스템을 만들었는데 이게
히트해 어려운 고비를 넘겼죠. 돈이 떨어지자 비로소 고객이 보이기
시작했고, 고객에게 주목했더니 기회가 눈에 들어왔습니다. 시장이
원하는 제품이야말로 가장 기술력이 뛰어난 제품이에요."

자기 기술을 믿고 신제품 개발에 매달리는 것이 이른바 기술자 창
업의 한계다. 한계에 부닥쳤을 때 그는 시장으로 눈을 돌려 그 장벽
을 훌쩍 뛰어넘었다.

## ■ 성장한계 넘으려면 신시장 진출 기회를 놓치지 마라

송 회장은 창업을 꿈꾸는 대학 졸업생을 상대로 강연할 때 아바
ABBA의 〈I have a dream〉이라는 팝송을 튼다. 모교인 중학교 후배들
앞에 섰을 땐 파란색 체육복을 입은 중학생 시절 사진을 띄워놓고 강
연을 시작했다.

"나도 너희처럼 평범한 아이였다고 했습니다. 그런데 꿈을 꾸었기에
그 꿈을 이루었고 지금도 계속 꿈을 꾼다고 말했죠. 꿈이 있으면 현실
의 어떤 고난과 슬픔도 이겨낼 수 있어요."

그는 "지금 같은 저성장 시대엔 성장잠재력이 크고 인구가 많은 저개발국가나 개발도상국에서 한국 경제의 활로를 찾아야 한다"고 주장한다.

"일례로 모바일기기의 경우 우리나라는 무선호출기부터 2G, LTE, 5G에 이르기까지 다 만들어봤습니다. 이 가운데 우리가 팔 수 있는 기술을 들고 나라마다 들어가는 겁니다. 그러자면 그 나라 실정을 잘 알아야 합니다. 그런데 이 시장도 진출 타이밍을 놓치면 안 돼요. 몇 십 년 후면 글로벌 시장의 기술 수준이 평준화될 겁니다."

우암코퍼레이션은 2015년 300만 불 수출탑을 수상했다. 설립 22년, 해외진출을 추진한 지 5년 만이다. 소프트웨어기업이 300만 불 수출탑을 수상한 예는 극히 드물다.

이에 앞서 2013년엔 에티오피아 전력청이 발주한 600만 달러 규모의 광복합가공지선OP GW 설치 등을 턴키turn key, 일괄 수주 계약 베이스로 수주했다. 이 나라에서 도로를 닦은 경남기업에 이어 한국 기업으로서는 두 번째 에티오피아 진출이다. IT 기업인 우암은 에너지컨설팅으로 사업을 다각화한 후 엔지니어링 쪽으로 영토를 넓혀가고 있다.

그가 주목하는 해외시장은 중동과 아프리카다.

"이 지역은 오일머니가 많습니다. 대금결제도 현금으로 해요. IT 수준은 초기인 반면 이러닝e-learning 등에 대한 수요가 많아요. 이런 현상엔 문화적인 배경이 있습니다. 중동은 지금도 여성이 혼자서 밖에 나다닐 수 없습니다. 사우디아라비아의 경우 심지어 40세 미만 여성은 입국하려 해도 비자를 안 내줍니다. 그 자체가 여성 기업인에겐 진입 장벽으로 작용하죠. 이 지역은 또 거의 다 수의계약optional contract, 경매·입찰 등의 방법이 아니라 적당한 상대방을 임의로 선택해 맺는 계약을 합니다. 그래서 오히려 시장을 선점하면 안정적으로 비즈니스를 할 수 있어요. 미국 등 선진국에 진출하는 것도 좋지만 중동에선 선진국에 들이는 노력과 시간의 절반으로도 더 많은 성과를 거둘 수 있습니다. 한마디로 블루오션이죠."

## ■ 전문가들에게 비전과 자부심을 제공하라

우암은 중소기업이지만 3~5년 단위로 로드맵을 그린다. 송 회장은 "우암은 장뇌삼심어서 기른 산삼 경영을 한다"고 말했다. 도라지를 심을 수도 있고 장뇌삼을 심을 수도 있는데 사람들이 대부분 도라지만 심는다는 것이다. 도라지는 봄가을로 뿌리를 채취하지만 장뇌삼은 캐기까지 시간이 오래 걸린다. 단기 실적보다 미래의 비전과 성장동력을 중시하는 경영을 하겠다는 의지의 표현이다.

"임직원들에게 우리가 출전한 종목은 마라톤이지, 100미터 달리기가 아니라고 말합니다. 영화 〈죽은 시인의 사회Dead Poets Society〉에서 키팅 선생이 '사물을 다른 각도에서 보라'며 책상 위에 올라갔듯이, 책상 위에 올라가 의자에 앉아서는 볼 수 없는 세상을 보라고 말합니다."

나름 전도유망한 회사지만 우수한 직원 여럿이 고액연봉을 좇아 떠났다. 회사의 가치관에 공감하는 사람이 주로 남았다.

"기업의 가치관은 직원들을 잡아두는 효과가 있어요. 봉급 적게 주는 비정부기구에 의외로 스펙 좋고 우수한 인재가 많습니다. 사명감으로 일하는 사람들이죠. 우암도 연말이면 캄보디아에 우물도 파주고 라오스에 학교도 세웁니다. 만분클럽萬分Club, 매출액의 1만 분의 1을 환경재단에 환경 기금으로 기부하는 친환경기업의 모임에도 가입했어요. 땀 흘려 일해 올린 회사 수익의 일부를 이 세상을 위해 쓰는 걸 직원들도 좋아하고 자부심을 느낍니다. 이런 가치관이 좋아 입사한 사람도 있어요. 어떻게 보면 그런 사람들이 우암에 모이는 거죠. 결국 회사의 지속가능성도 커지리라 봅니다."

회사 이름은 송 회장의 선조로 조선 후기 좌의정을 지낸 송시열 선생의 호 '우암尤庵'에서 따왔다. 1990년대 초 영어로 된 사명社名이 유행할 때였다. 그는 무거운 이름 탓에 부담이 컸지만 한편으로 도움도 됐다고 말했다.

"조상에게 누가 되면 안 된다고 생각했죠. 중요한 의사결정을 할 때면 투명하고 사회에 도움이 되는 방향으로 결론을 냅니다."

우암의 비전은 '지속가능한 기업, 정년 없는 회사'다. 송 회장은 자기 분야의 프로페셔널이라면 정년 걱정 없이 일할 수 있는 직장을 만들려 한다. 여성벤처협회장을 지낸 그는 "프로페셔널 인력이 되려면 당사자도 꾸준히 자기계발을 해야 한다"고 강조했다.

"기업에 가장 중요한 게 방향성입니다. 시장 트렌드를 잘 읽고 회사가 나아갈 방향을 잡아야 하죠. 열정 넘치는 여성 기업인들에게 전략적 마인드가 부족한 경우를 종종 봅니다. 경영자를 꿈꾸는 여성이라면 전략적 사고를 강화하는 자기훈련이 필요해요."

# Chapter 2

# INNOVATION

# 경영의 길을
# 찾다

# 사람을 알아야
# 경영이 보인다

;

## 만상불여심상萬相不如心相.

◆ 전성철 의장의 어린 시절, 어머니가 들려준 공자孔子의 말 ◆


전성철 IGM 세계경영연구원 이사회 의장은 미국 변호사다. 귀국 전 미국 뉴욕 맨해튼 대형 로펌의 파트너변호사로 있었다. 귀국 후엔 김 앤장법률사무소에 몸담았고 세종대학교로 옮겨 경영대학원장을 지 냈다. 2002년 대학을 떠난 그는 기업의 임원·간부를 대상으로 교육 사업을 하는 IGMInstitute of Global Management을 창업했다.

전 의장은 "기업 경영은 사람에 대한 이해를 바탕으로 하지 않으 면 제대로 할 수 없다"고 말한다. 기업이 보유한 여러 종류의 자산 중 사람이야말로 가장 비중이 크고 또 중요하기 때문이다.

리더는 조직의 구성원들이 자발적으로 열심히 일하게 만들어야 한다. 그러자면 구성원에 대한 이해가 필수다. "공장을 돌리려면 기계를 제대로 알아야 하듯이, CEO가 경영을 잘하려면 사람이라는 자산에 대한 이해의 폭이 넓고 깊어야 한다"는 것이 그의 설명이다. 사람을 기업의 주요한 자산으로 보는 시각은 구성원을 비용 요소로 보는 시각과는 대조적이다.

## ■ 경영이란 인간에 대한 이해다

경영자가 알아야 할 사람에는 경영자 자신도 포함된다. 구성원, 이해관계자 등 남들을 알기 전에 자기를 제대로 알아야 한다는 것이다. 사람은 누구나 자신을 기준으로 남을 이해하고 판단하기 때문이다. 누구나 사람에 대한 이해와 평가의 잣대는 자기 자신이다. 사실 자기 자신을 제대로 모르는 사람이 적지 않다.

열등감이나 죄의식 같은 콤플렉스complex가 무엇인지 아는 것도 자신에 대한 이해를 높이는 방법이다. 전 의장은 자신이 감정적이고 사려 깊지 못하다는 콤플렉스가 있다고 털어놓았다. 그래서 누군가를 질책하고 나면 스스로 책망하게 된다고 했다. 그는 자신의 이런 콤플렉스에 대한 이야기가 나오면 예민해지기도 하지만 "막상 콤플렉스를 알고 나면 자기 행동에 대한 해석이 잘되고 그만큼 정리도 쉽게 할 수 있다"고 덧붙였다. 치료를 받아야 할 만큼 극심하지만 않다면 콤플렉스는 대부분 스스로 극복이 가능하다. 콤플렉스가 생긴 무의식 속 에피소드와 직면해 얽힌 실타래를 풀어주면 거기서 벗어날 수 있다.

누군가를 알고 이해한다는 건 콤플렉스는 물론 그 사람의 가치관, 소질 등을 아는 것이다. 일을 시킬 땐 우선 그 사람의 가치관을 파악해야 한다. 또 그 가치관에 따라 스스로 동기부여가 되도록 자극을 주어야 한다. 자기동기부여self-motivation만큼 강력한 유인은 없다. 구성원들에게 그들의 가치관에 맞춰 일의 의미를 설명하면 생산성이 올라가게 마련이다. 사람은 자신이 추구하는 가치를 위해 목숨을 던지는 지구상의 유일한 존재다.


## ■ 가치관이 의사결정의 핵심변수

전 의장은 성장기에 자신의 어머니가 들려준 "만상萬相이 불여심상不如心相이다"란 공자의 말도 결국 가치관의 중요성을 강조한 것이라고 말했다. 관상觀相, 수상手相, 족상足相 등 만 가지 상이 좋다 해도 그 모든 것은 '마음의 상心相'에 미치지 못한다는 뜻이다. 이는 곧 마음의 바탕인 가치관이야말로 의사결정을 좌우하는 핵심변수라는 얘기다.

가치관의 의미에 대해 설명하면서 그는 심야의 퇴근길에 피곤한 몸을 이끌고 상喪 당한 친구를 찾아가는 사람을 예로 들었다. "그 시간에 장례식장으로 차를 돌리는 결정을 내리는 건 '하룻밤의 편안한 안식보다 평생의 우정이 더 중요하다'는 그 사람의 가치관과 떼어놓고 설명할 수 없다"고 말했다.

전 의장의 트레이드마크도 '가치관 경영'이다. 그는 사람뿐만 아니라 기업이라는 법인을 움직이는 본질도 가치관이라고 주장한다. "기업의 핵심요소는 구성원의 머릿속에서 관찰되는 가치의 흐름"이라고 말한다.

가치관 경영의 성공 사례로는 미국 기술기업의 아이콘 IBM이 망하기 일보 직전에 서비스 중심의 회사로 환골탈태해 기사회생한 것을 들 수 있다. 샘 팔미사노<sup>Sam Palmisano</sup> 전 IBM 회장은 당시 800명의 고위임원에게 'IBM의 가치가 어떤 것이 되어야 하겠느냐'고 물었다. 이렇게 수렴한 의견을 바탕으로 만든 핵심가치를 IBM 내부망에 올리고 전 세계 30만 명의 임직원으로 하여금 48시간 동안 코멘트를 달게 했다. 그 많은 IBM의 사업단위가 저마다 자율 경영을 하면서도 일사불란하게 한 방향으로 나아가는 건 이렇게 가치를 중심으로 움직이기 때문이다.

"IGM 세계경영연구원의 핵심가치는 '회사에 기여하는 만큼 내게 돌아온다'입니다. 자연계의 만유인력만큼 확실한 사회법칙은 '세상에 공짜란 없다'는 것이죠. 공짜로 뭘 얻으면 결국 그 대가를 치르게 마련입니다. 복권에 1등 당첨돼 행복해진 사람이 없고, 재벌그룹을 물려받아

불행하지 않은 재벌 2세가 거의 없습니다."

## ■ 'CEO들의 교사'에서 다시 국제변호사로

전 의장은 IGM 회장 자리에서 물러나 2018년 봄 김앤장으로 복귀
했다. 그는 "사람 팔자는 참 알 수 없는 것 같다"고 말했다. 미국 유학
시절 그는 고학을 했다. 학비를 벌기 위해 웨이터, 빵공장 직공, 택시
기사, 야적장 수위, 야채장수 등을 했다.

중식당 '와이키키' 웨이터를 그만둘 때였다. 지배인은 그에게 "너
도 찾아보면 뭔가 잘하는 일이 있을 거야"라고 말했다. 그는 사실 웨
이터로서는 낙제생이었다. 적성에 맞지 않는 탓이었다. 반면 대만 출
신인 지배인 마이크는 그곳에서 아르바이트를 하다 공부를 그만두고
아예 눌러앉은 사람이었다. 그 식당 최고의 웨이터였다. 그가 만일 마
이크처럼 명冬웨이터였다면 어떻게 됐을까? 그는 "나도 어쩌면 그 길
을 갔을지 모른다"고 말했다.

서울대에서 정치학을 전공한 전 의장은 로스쿨을 다니기 전 미네
소타주립대에서 MBA를 했다. 로스쿨 입학시험에서 떨어졌기 때문이
다. 천신만고 끝에 결국 같은 대학 로스쿨까지 졸업한 그는 뉴욕 맨
해튼의 중형 로펌에 들어갔다. 유일한 외국인이자 동양인 변호사였
다. '미국에 진출한 한국 기업들을 귀 로펌 고객으로 만들어주겠다'

고 쓴 레터가 주효했다.

당시 미국의 로펌들은 로스쿨을 갓 졸업한 풋내기 변호사들을 뽑아 지옥 같은 훈련 과정을 겪게 했다. 그중에서 우수한 사람을 파트너, 즉 동업자로 삼았다. 신참 변호사인 그는 한국고객 유치와 1년 차 어소시에이트 일을 병행하느라 고전했다. 열심히 일했지만 역부족이었다. 결국 해고를 당했다.

이런 현실에 굴하지 않고 국제비즈니스를 많이 하는 로펌들을 선별해 다시 한 번 편지를 보냈다. 뉴욕에 진출한 한국계 기업 리스트도 첨부했다. 맨해튼 57번가 33층 빌딩 7층에서 일하던 그는 마침내 같은 빌딩 25~30층에 자리 잡은 리드&프리스트Reid & Priest라는 대형 로펌으로 옮기는 행운을 잡았다. 그리고 4년 3개월이라는 최단기간에 맨해튼의 명망 있는 로펌 파트너이사가 됐지만 고국으로 돌아왔다. 한국 출장길에 신세계백화점을 찾았다가 문득 '나의 뿌리는 이곳, 여기가 내가 속한 곳'이라는 생각을 하게 된 것이 계기였다. 타향살이를 하느라 자신의 삶에서 우선순위가 낮았던 '행복'에 대해 비로소 생각해보게 된 것이다.

그는 미국에 사는 동안 단 1초도 미국 시민권을 취득해야겠다고 생각한 일이 없었다고 한다. 결국 미국에서의 풍요로운 삶을 포기하고 행복을 좇기로 마음먹었다. 귀국 준비를 하는 2년 동안 한국의 집값이 네 배로 폭등했지만 맨해튼의 성공한 파트너변호사 생활을 접고 평생 후회하지 않을 길을 선택했다.

전 의장은 'CEO들의 교사'에서 국제변호사로 돌아갔다. 과거 그는 『꿈꾸는 자는 멈추지 않는다』란 자전 에세이집을 냈다. 이 책엔 '택시기사에서 CEO 1만 명의 스승이 되기까지 꿈이 있었기에 가능했던 가슴 벅찬 이야기'란 부제가 달려 있다. 인생 2막을 사는 지금, 그는 무슨 꿈을 꿀까?

"인생의 목표는 행복한 삶입니다. 세상이 어떻게 변하든 불변하는 목표죠. 그러자면 자신의 가치관에 맞고 소질을 살릴 수 있는 일, 자신의 콤플렉스를 완화할 수 있는 그런 일을 해야 합니다. 가치관에 맞는 일은 만족감이 커요. 소질을 살리는 일은 잘하게 돼 재미있습니다. 어쨌거나 우선 자기 자신에 대한 이해를 넓혀야 해요. 나 자신을 잘 알아야 어떻게 하면 행복해질지도 알 수 있습니다."

# 사장은 교직인 만큼
# 솔선수범하라

;

사장이 교사보다 훨씬 성직이다.
당신은 성직자로서의 의식을 갖고 있는가?

◆ **고바야시 다다쓰구**小林忠嗣, 『**최고경영자의 자기진단**』 중에서 ◆


남승우 전 풀무원 총괄사장은 33년 전 풀무원을 설립해 재임 중 매출 2조 원대의 중견기업으로 키웠다. 풀무원은 이 나라의 간판 유기농식품기업이다.

  한국에서 가장 존경받는 기업 11년 연속 선정, 대한민국지속가능성지수KSI 7년 연속 종합식품부문 1위, 한국표준협회 대한민국 좋은기업 3년 연속 종합식품부문 1위, 한국능률협회 2016 한국의경영대상 사회가치 최우수기업, 2016 한국에서 가장 일하고 싶은 기업 1위. 2017년 글로벌 경기침체 속에 매출액 2조 300억 원을 달성한 풀무원이 그동안 써내려온 기록이다. 풀무원은 '갓뚜기'라고 불리는 48

년 역사의 종합식품기업 오뚜기와 더불어 2016년 '2조 클럽'에 진입했다.

남 전 사장의 경영 좌우명은 "사장은 교직인 만큼 솔선수범하라"이다.

"일본의 경영 컨설턴트 고바야시 다다쓰구는 '사장이 기업의 구성원에게 미치는 영향력이 헤아릴 수 없을 만큼 크기에 현대사회에서 사장의 직무는 성직과 다름없다'고 설파했습니다. 이 점을 인식하고서 참을성 있게 구성원 교육에 전력투구할 때 기업의 체질이 달라진다고 주장했죠. 특히 그는 사장이 구성원을 대상으로 실시하는 교육기간은 평생 동안이라고 했습니다. 기간을 따진다면 학교 교육에 비할 바 아니죠. 고바야시는 성직이라고 했지만 저는 그 말을 '경영은 교직'이라는 뜻으로 받아들입니다."

고바야시가 쓴 책 『최고경영자의 자기진단』에서 '사장은 성직'이라는 말을 처음 접했을 때 그는 상당한 충격을 받았다.

"'선생 똥은 개도 안 먹는다'는 우리 속담이 있습니다. 말과 행동이 다른, 선생들의 이중성을 빗댄 이야기라고 봅니다. 그런데 저는 이 책을 읽고 나서 '아, 내가 경영을 교직으로 받아들여야 회사를 제대로 끌고 갈 수 있겠구나' 하고 생각하게 됐죠. 돈을 벌기 위해 사업을 하는 사람도 교사와 성직자처럼 솔선수범해야 한다는 주장이 당시 저로서는 충격적이었습니다."

그는 고바야시의 책을 무려 여덟 번이나 읽으면서 분야를 막론하고 경영자가 조직을 끌고 나가는 데는 언행일치가 필수적이라는 믿음을 품게 됐다. 그 점에 신경을 쓰다보니 공개적으로 연설하는 것이 퍽 조심스러웠다고 한다.

## ■ 물에 빠지고서야 배울 수 있는 것도 있다

한국공업표준협회가 발행한 『최고경영자의 자기진단』을 남 전 사장에게 전해준 사람은 당시 풀무원에서 생산 담당 사장을 맡고 있던 원혜영 더불어민주당 의원이다. 이 협회에 분임조 활동 교육을 받으러 갔던 원 의원이 책을 사왔다. 두 사람은 풀무원의 공동 창업자 격으로, 원 의원이 정치판에 뛰어들면서 영업 담당 사장으로 있던 남 전 사장이 회사 경영을 떠맡았다. 그는 이 책의 저자인 고바야시를 초빙해 풀무원의 컨설팅을 맡겼다. 1980년대 말의 일로, 풀무원이 받은 첫 컨설팅이었다.

남 전 사장은 사법시험에 네 번 낙방했다. 명문 경복고와 서울대를 나온 그로서는 국내에서 얼굴을 들고 다닐 수가 없었다. 법률가의 꿈을 접고 현대건설에 들어갔다. 사우디아라비아로 떠나고 싶었기 때문이다. 사우디에서 돌아와 거기서 번 돈을 경복고 동기 동창의 '가업'에 투자했다. 투자를 권유한 동기는 훗날 정치판으로 떠났다. 그 친구가 바로 원혜영 의원이다.

법학도 출신이 국내 첫 생식품기업의 경영을 덜컥 맡았다. 관련 법령이 제대로 갖춰져 있지 않았다. 사업을 하기 위해 나름대로 공부를 해야 했고, TV 토론회도 나갔다. 그러느라 식품공학석사가 됐고, 내친김에 식품공학박사 학위까지 받았다. 법조인이 된 그의 서울법대 동기들은 지금 다 재야에 있다. 그중엔 법원·검찰 등 법조계 고위직을 지낸 사람들도 있다.

"법조의 길을 포기한 지 5년 됐을 때 돌이켜보니 사시 공부를 열심히 안 했다는 생각이 들었습니다. 최선을 다했는지는 누구보다 자기 자신이 잘 알죠. 풀무원 경영을 맡으면서 다시는 변명하지 않겠다고 다짐했어요. 그 후 회사 경영을 고시 공부보다 더 열심히 했습니다."

그는 '수영장 이론'을 신봉한다. 수영장 옆을 지나다 발을 헛디뎌 물에 빠지면 그제야 허우적거리면서 배우는 것이 수영이라는 게 그의 인생론이다. 대학 전공 선택, 취업 등 진로 결정, 배우자 선택 등 대부분의 중요한 의사결정이 그런 식으로 이뤄진다고 믿는다. 중요한 결정이라고 해서 반드시 필연적이지는 않다는 것이다.

단적으로 가장 잘 맞는 이상적인 배우자가 지구 반대편에 있을지도 모르지만 사람들은 자기 주변의, 어떻게든 연결되는 사람과 결혼한다. 사람의 운명이란 이렇게 불합리한 것이다. 그가 현대건설에 들어간 것도, 풀무원 경영을 떠맡은 것도 어쩌면 우연히 물에 빠져 내린 결정이었다고 할 수 있다.

"어쨌거나 물에 빠진 상황을 있는 그대로 받아들이고 헤엄쳐 살아남아야 합니다. 왜 나에게 이런 불행한 일이 닥칠까 좌절하고 후회하다가는 결국 헤어나지 못하고 죽고 마는 거죠."

남 전 사장의 독서 스타일은 정독형이다. 책을 천천히 읽고 텍스트를 중시한다. 지식을 얻기 위해 읽는 책은 한 번 읽고 말지만, 행동에 옮기려고 읽는 경우엔 두세 번 읽는다. 행동의 지침으로 삼으려면 완벽하게 그 내용을 입력해야 하는데, 그러자면 자동차 매뉴얼처럼 외워야 한다는 것이다. 긴급 상황에서 책을 찾아보고 행동할 순 없기 때문이다.

# ■ 노병老兵은 사라질 때를 알아야 한다

남 전 사장은 2017년 말, 만 65세에 경영 일선에서 퇴진했다. 창업 오너 CEO의 자발적인 퇴장이다. 왜 65세에 은퇴한 걸까?

"글로벌기업 CEO들이 대부분 65세에 은퇴합니다. 은퇴하기 적당한 때 같습니다. 이만큼 나이가 들면 열정도, 기민성과 기억력도 떨어집니다."

풀무원을 전문경영인 체제로 전환하고 이사회 의장으로 물러난 그는 "고령에도 경영을 잘할 수 있다고 생각하는 건 본인의 착각일 뿐" 이라고 말한다. 전문인 경영이냐 오너 경영이냐는 경영학에서 대표적으로 답이 없는 문제다. 그도 이 문제에 정답은 없다고 했다.

"하지만 풀무원은 개인의 회사가 아니라 상장한 기업입니다. 개인기업은 오너 승계냐 전문경영인 승계냐가 이슈거리가 될 수 있겠지만 상장기업은 답이 정해져 있습니다. 전문경영인 승계죠. 말 그대로 '퍼블릭 컴퍼니public company' 아닙니까? 고민할 이유가 없어요. 상장기업을 하면서 가족에게 경영권을 승계시키려니 문제가 생기는 겁니다. 가족 승계를 하려면 애초에 상장을 하지 말아야죠."

스스로 정한 나이에 은퇴한다는 건 사실 오너나 누리는 복이다. 임명직·선출직으로서는 누릴 수 없는 특권이라고도 할 수 있다. 은퇴 이후의 삶에 대해 그는 풀무원이 설립한 연구재단에서 인류학을 공부할 계획이라고 밝혔다. 한 인간으로서 '내가 왜 이럴까?' 하는 궁금증이 많기 때문이다. 인류학은 넓은 의미로 인간학人間學이라고도 할 수 있다. 앞으로 10년 동안 열심히 연구해 누군가는 저술에 활용할 만한 성과를 내는 게 그의 목표다.

# 경영자의 도덕성이
# 기업 성패 가른다

;

21세기 기업가나 정치가는 성직자에 준하는
고도의 도덕성을 가진 사람이 아니면 안 된다.

◆ 미국 예일대 역사학 교수 폴 케네디Paul Kennedy가 한 말 ◆

심갑보 삼익THK 상임고문은 이 회사의 대표이사 부회장을 지냈다. 삼익THK는 2007년 금탑산업훈장을 받은 장수기업이다. 창립 후 50년간 노사분규를 한 번도 겪지 않았다. 수출을 많이 했거나 기술개발을 열심히 해서 훈장을 받은 것이 아니라 노사관계가 좋아서 받았다는 점이 특별하다.

이는 중소기업 시절부터 진우석 창업주의 철학에 따라 정도正道 경영을 해왔기 때문이다. 삼익THK는 정부가 권고하기 10년 전 노사협의회를 만들었다. 직원들에게 이익 규모를 공개하고 이익이 많이 날 땐 상여금을 더 지급했다. 회사가 어려울 땐 노사가 함께 허리띠를 졸라맸다. 정도 경영, 즉 투명 경영이야말로 이 회사의 50년 역사를 일군 지속가능 경영의 요체였다.

심 고문은 1992년 여름, 한 강의에서 "경영자의 도덕성이 기업 성패를 좌우한다"는 말을 접했다. 이는 『강대국의 흥망The Rise and Fall of the Great Powers』을 쓴 폴 케네디 미국 예일대 역사학 교수가 한 말이다. 그는 정치가뿐 아니라 기업가도 성직자에 준하는 고도의 도덕성을 갖춰야 한다는 이 주장에 크게 공감한 후 정도 경영에 대한 신념을 확고히 하게 됐다고 한다. 그는 "우리 회사의 매출액이 40년 만에 3,000배 성장한 것은 정도 경영 덕"이라고 단언했다.

## ■ 떳떳지 못한 경영에는 어떤 가치도 없다

1979년 10·26 사태 직후 닥친 불황으로 1980년 창립 이래 최초로 감원을 했을 때의 일이다. 업무용 승용차 한 대만 남기고 회사 차량을 모두 매각한 다음 창업주 사장을 포함해 전 임원이 버스로 출퇴근했다. 이때 감원을 하면서 창업주와의 연줄로 입사한 사람부터 내보냈다. "창업주 덕에 회사에 자리를 마련했으니 회사가 어려울 때 먼저 떠나달라"고 설득했다. 회사 상황이 좋아지면 다시 채용하겠다고 약속했고, 훗날 그 약속을 지켰다.

그에 앞서 1975년에 있었던 일이다. 삼익쌀통이 불티나게 팔리면서 삼익은 전자밥솥 · 밥통 사업에 진출했다. 당시 가전 업체들은 대부분 부가가치세 · 특별소비세를 탈루했다. 세금을 제대로 내는 삼익의 제품은 가격경쟁력이 떨어질 수밖에 없었다. 매출이 줄어들자 일부 임원이 업계 관행을 따르자고 건의했다. 그러자 창업주가 "세금을 낼 수 없다면 사업을 포기하겠다"고 밝혔다. 결국 삼익은 5년 동안 막대한 자금이 투입된 사업을 정리하고 말았다.

이듬해엔 경쟁 업체의 무고로 세무사찰을 받았다. 대구지방국세청 직원 50명가량이 대구 본사에 들이닥쳐 휴지까지 수거해 갔다. 대표이사 집도 샅샅이 뒤졌다. 당시의 세무사찰은 기업으로서는 사형선고와 다름없었다. 하지만 삼익은 무혐의 처분을 받았다. 대구 소재 기업 가운데 세무사찰에서 무혐의 판정을 받은 업체로는 삼익이 유일했다고 한다.

정치가 · 기업가뿐 아니라 누구나 도덕적으로 사는 것이 유리하다는 게 심 고문의 신념이다. 그는 "남은 속일 수 있어도 자신은 못 속이는 법이다. 정직하게 살면 마음이 편하고, 마음이 편하면 고민이 사라져 스트레스가 없으니 행복해진다"고 토로한다. 외부 접대나 경조사에 내는 부조에도 공사公私를 철저히 구분했다. 당장은 아니더라도 장차 회사에 도움이 되겠다 싶은 경우까지만 회사 경비로 처리한다. 1970년 삼익에 몸담은 후 27년간 그는 서울 수유리의 27평짜리 단독주택에 살았다.

"폴 케네디 교수 말대로 CEO는 자기관리를 철저히 해야 합니다. 일하면서 봉급 외에는 신경을 안 쓰고 재테크도 일절 하지 않았죠. CEO가 경영에 전념하지 않고 재테크 한다고 돌아다니면 회사가 어떻게 되겠습니까? 경영자가 너무 좋은 집에 살면 직원들이 신뢰하겠어요? 저는 직원들의 존경을 받지 못하는 경영자는 경영할 자격이 없다고 생각합니다."

## ■ 혁신은 순발력이 아닌 끈기에서 나온다

삼익THK의 성장동력은 정도 경영과 더불어 제품혁신이다. 1960년 손다듬질hand finishing 공구인 줄file 생산 업체로 출발했지만 1970년대엔 삼익쌀통으로 명성을 떨쳤고, 1980년대 후반부터는 자동화산업의 필수품인 직선운동 베어링 생산에 주력하고 있다. 거래처는 삼성전자, LG전자, 현대자동차 등 국내 굴지의 대기업이다. 심 고문은 "혁신하지 않고 줄과 쌀통 생산에만 매달렸다면 지금 연매출 100억 원도 안 될 것"이라고 말했다.

"혁신에 대한 갈망이 노동집약적이었던 영세기업을 기술집약적인 중견기업으로 키우는 데 절대적인 영향을 미쳤습니다. 1980년대 초까지는 상호도 삼익줄공업이었고 수공구인 줄, 쌀통을 주로 만들었습니다. 그때만 해도 인건비가 싸서 그런 대로 괜찮았죠. 그런데 1980년대 들어 쌀통에 대한 수요는 줄고 인건비가 뛰었습니다. 그래서 유·공압 실린더를 제작하게 됐죠. 그 후 반도체·LCD 제조설비 등에 들어가는 산업용 특수 베어링 같은 기술집약적인 제품을 생산하고 있습니다."

대기업과의 경쟁에서 살아남기 위해 삼익은 실수요자에게서 직접 주문을 받아 납품하는 맞춤식 영업을 했다. 도매상을 상대하는 대기업과 판매경로를 차별화한 것이다. 그는 또 경영대학원에서 배운 대로 영업에 목표관리제를 적용하고 제약회사의 포인트시스템을 벤치마킹했다. 채권관리 개념을 도입해 불량채권이 줄어들자 기업의 체질이 강해졌다.

"우리가 외상이면 소도 잡아먹는 민족 아닙니까? 장사 잘하고도 불량채권 때문에 망한 회사가 부지기수입니다. 그래서 거래처별로 실적을 따져 외상한도액 범위 안에서만 물건을 내줬죠. 거래액이 크면 담보를 잡았습니다. 외상을 많이 주면 물건이 더 잘 팔릴 것 같지만 실제로는 그 반대입니다. 어떻게든 외상값을 받아내야 해당 거래처에 더 많이 팔 수 있어요. 외상 술을 마시더라도 외상 안 깔린 집을 찾는 것과 같은 이치죠. 이렇게 외상채권을 관리하다보니 외환위기 때도 대손貸損이 적었습니다."

한국경영자총협회 부회장을 맡고 있는 심 고문은 영남대 출신이다. 그는 "명문대 출신이 순발력이 있다면 지방대 등 비명문대 출신은 끈기가 있고 투지가 강하다"고 말했다.

"장기전에 강한 게 비명문대 출신의 장점이죠. 장점을 발휘하도록 하는 게 장점 중시 경영입니다. 우리나라도 하루빨리 학벌사회에서 능력사회로 옮겨가야 합니다."

실업이 심각한 사회문제라지만 중소기업은 오랫동안 극심한 인력난을 겪어왔다. 남동공단의 일부 중소기업은 외국에서 주문을 받아놓고도 사람을 못 뽑아 공장을 못 돌린다. 중견기업 삼익도 기계공학 전공자 채용공고를 내면 서울 소재 대학 출신은 뽑을 수가 없다. 응모자가 없어서다.

"요즘 부양능력 있는 부모는 결혼, 취직 뒷바라지는 물론이고 심지어 환갑이 넘어서까지 자식을 책임집니다. 그러다보니 성에 차지 않는 직장은 안 들어가려는 젊은이도 늘었죠. 저는 젊은 세대에게 중소기업에 들어가 회사와 함께 성장하라고 권합니다. 눈높이를 조금만 낮추면 분명 좋은 일자리는 있습니다. 단, 그 회사가 하는 사업이 성장산업인지 아닌지, CEO가 비전이 뚜렷한 사람인지 아닌지는 반드시 따져봐야죠."

스펙이 좋지 않은 마이너리티들에게 심 고문의 자기계발에 대한 끊임없는 노력은 사표가 될 만하다. 그는 강연회에 참석할 때면 언제나 맨 앞자리 한가운데 앉아 녹음을 하고 캠코더로 직접 녹화도 한다. 이렇게 얻은 지식, 정보를 기업 경영에 적극 활용했다. 고객만족 경영과 장점 중시 경영으로 경쟁력을 강화한 것도 모두 자기혁신에서 비롯된 성과라고 할 수 있다.

종종 강의를 부탁받을 때면 서산대사의 시 「설야雪野」를 인용한다. 김구 선생이 중요한 결단을 내릴 때면 되새겼고 여러 사람에게 써준 시다. "눈 덮인 벌판을 걸어갈 때 행여 발걸음을 흐트러뜨리지 말라踏雪野中去 不須胡亂行. 오늘 내 발자국이 뒷사람에게 이정표가 되리니今日我行跡 遂作後人程."

# 잘나갈 때
# 과욕을 경계하라

**;**

### 욕심이 잉태한즉 죄를 낳고, 죄가 장성한즉 사망을 낳느니라.

◆ 「야고보서」 1장 15절 ◆

김일섭 한국FPSB 회장은 공인회계사다. 그는 회계 업계와 학계를 오가며 유수의 회계법인 대표와 이화여대 경영부총장, 서울과학종합대학원대학교 총장 등을 지냈다. 한국회계연구원장, 한국공기업학회장, 벤처리더스클럽 회장도 역임했다. 삼일회계법인 대표 시절엔 삼일을 업계 1위로 이끌었다.

김 회장은 "인생을 돌이켜보니 분수에 맞지 않는 욕구를 다스리는 게 참 중요하다는 생각이 들더라"고 말했다.

"정당한 대가를 넘어선 욕심이 모든 재앙의 출발점이라는 생각을 요즘 부쩍 합니다. 그래서 '욕심이 죄를 낳고 죄가 자라면 죽음에 이른 다'는 성경 말씀을 새삼 되새기고 있죠."

그는 이 금언은 개인뿐 아니라 법인에도 그대로 적용된다고 말했다.

"잘나가던 기업이 실패하는 경우가 더러 있습니다. 대표적 사례들을 보면 호황의 정점에서 과도한 투자를 한 것이 원인입니다. 한마디로 과욕을 부린 거죠. 사람이 잘나가다보면 교만해지듯이 기업도 상향 사이클을 그리다보면 앞으로 닥칠 하향 사이클을 생각하지 않고 부적절한 시기에 과잉투자를 하게 됩니다. 기업이 나아갈 방향과 기업가의 욕심이 치닫는 방향 사이에서 사람의 욕심을 선택하는 겁니다."

# ■ 외부자의 경고에 귀 기울여라

김 회장은 개인기업비공개기업과 상장된 공개기업은 완전히 다른 조직이라고 본다. 기업을 공개하는 건 '내 회사'를 버리고 '우리 회사'를 만드는 것이라고 설명했다. 회사를 새로 시작하는 것과 같다는 것이다.

"남의 돈이 들어온 공개기업은 망하면 나 혼자 책임지면 되는 비공개

기업과 달라요. 그래서 공개기업은 기업가가 사사로운 욕심을 부려선
안 됩니다. 그런데 간혹 그런 욕심을 부려 지속돼야 할 기업을 죽음에
이르게 합니다."

이런 '오너리스크owner risk, 재벌 회장이나 대주주 개인 등 기업 총수와 관련된 사건이나
독단적 경영이 회사에 큰 손해를 끼치는 것'를 제어하는 방법은 무엇일까? 그는 외
부 자문위원회가 그런 기능을 할 수 있다고 주장했다. 오너의 권위에
도전할 만한 사회적으로 이름 높은 사람, 해당 분야 전문가들이 모여
의견을 교환하다가 오너가 정상적인 트랙을 벗어나면 경고하는 것이
다. 이렇게 하면 의사결정 과정의 '종심縱深, 앞뒤로 늘어선 대형·진지·방어 지대
따위의 전방에서 후방까지 거리를 일컫는 군사용어'을 깊게 만드는 효과도 있다고 덧
붙였다.

외국의 경우 대기업은 물론 큰 학교에도 대부분 이런 기구가 있다
고 한다. 김 회장은 사외이사가 이런 자문위원회 역할도 해야 하는데
현실에서는 그렇지 못하다고 지적했다. 기업의 1인자와 2인자가 정
면충돌한 과거 신한금융지주 사태도 이런 관점에서 재해석해볼 수
있을 것이다.

"오너와 친분 있는 사람이 사외이사를 맡다보니 사실 그런 발언을 하
기가 쉽지 않습니다. 반면 시민단체에서 온 사람은 해당 기업 쪽에서
경계하죠. 그렇지만 사외이사가 존재한다는 사실만으로 오너에 대한

제어가 이뤄지는 측면도 있습니다. 사외이사의 눈을 의식해서 하지 못하는 일이 많아요."

CEO가 건강이상 등으로 정상적인 직무수행이 어려울 땐 집행위원회executive committee를 가동해야 한다는 말도 덧붙였다.

"집행위원회를 둬 CEO 부재 시 이 기구가 최고의사결정을 하도록 상시적인 시스템을 구축해야 합니다. 평소 CEO의 휴가를 의무화하고 이때 집행위로 하여금 이런 의사결정을 하는 연습을 하게 할 필요가 있어요."

장기집권 그 자체가 악은 아니다. 세계적 기업인 미국 제너럴일렉트릭GE의 잭 웰치Jack Welch 회장은 20년간 장기집권하고 후계자 제프리 이멜트Jeffrey Immelt 회장에게 대권을 넘겼다. 45세에 취임한 제프리 이멜트가 정년까지 지휘봉을 놓지 않으면 역시 20년 장기집권이다. 포스코를 일군 고故 박태준 전 회장이나 이건희 삼성 회장도 장기집권으로 성공을 거둔 케이스다.

그러나 복수의 기업에서 사외이사를 지낸 김 회장은 사외이사의 경우 연임까지가 바람직하다고 주장했다. 회사 실정을 제대로 파악하려면 연임이 필요하지만, 삼연임을 하면 회사와 밀착돼 독립성이 떨어지기 때문이라는 것이 이런 주장의 근거다.

# ■ 리더는 언제나 사표와 유서를 준비해야 한다

기업의 위기를 초래하는 결정적인 문제는 무엇보다 리더의 사사로운 욕심이다. 사적 이해관계와 공적 이익이 부닥칠 때 대부분의 사람은 사익을 선택한다. 공직자도 크게 다르지 않다. 과거 모 장관이 딸을 특채한 것도 이런 사례로 볼 수 있을 것이다.

김 회장은 공직에 들어서는 사람은 두 가지 문서를 늘 가슴에 품어야 한다고 말했다. 바로 사표와 유서다. 사욕을 제어하기 위한 장치라고 할까?

"언제든 던질 수 있는 공직에 대한 사표와 사인私人으로서의 유서를 작성해 양쪽 주머니에 하나씩 휴대하는 겁니다. 사표는 우리 사회의 장래를 위해 꼭 해야 할 일이지만 정치적 이유 등으로 좌절하게 됐을 때 직職을 걸기 위해 필요합니다. 저는 국민적 저항이 크지만 나라의 장래를 위해 반드시 추진해야 할 일은 주무 부처 장관 세 명이 연달아 사표를 낼 각오로 집행해야 한다고 생각합니다. 그러면 국민도 설득할 수 있어요. 유서는 사인으로서의 나는 죽었다는 상징적 사망선고입니다. 좋은 남편, 좋은 아버지, 좋은 친구로서의 나는 끝났다는 자기 다짐이죠. 유서 자체는 상징적인 것이지만 그 실체가 있어야 합니다. 그래야 사익의 유혹에 빠질 때 품에서 꺼내 읽어보죠."

최근 사법처리 되는 기업인들을 보면 대부분 사욕을 버리지 못한 탓이 크다. 권력자들 역시 권력과 명예만으로는 만족 못해 감옥에 간다. 지나친 욕심이 잉태해 마침내 죄를 낳은 것이다. 그는 "욕심을 다스리지 못해 죄를 짓는 것은 죽음이나 다름없다"고 말한다. 육체적인 죽음만 사망이 아니라 정신적인 죽음, 인격적인 죽음도 엄연히 사망이라는 것이다. 자기 분야의 정점에 섰던 사람이 지금은 감옥에 있다면 인격적으로는 사망선고를 받은 거나 다름없다.

사실 욕심은, 크면 클수록 더 많이 버려야 그 빈자리가 성취로 채워질 수 있다. 자기희생을 하려 들지 않는 리더를 따를 사람은 없다. 성공을 바란다면 큰 자기희생을 각오해야만 한다.

김 회장은 젊은 세대를 대상으로 멘토링을 할 때도 과욕을 경계하라고 말한다. 견물생심見物生心, 좋은 물건을 보면 갖고 싶은 욕심이 생기게 마련이다. 그러나 내 몫이 아닌 물건은 거들떠보지도 말 일이다. 욕심 대신 선택해야 할 것은 바로 몰입이다. 그는 젊은 멘티들에게 오래해도 질리지 않을 좋아하는 일, 의미 있는 일을 하라고 강조한다.

"진출 분야를 선택했으면 최소한 1만 시간 동안 그 일에 몰입해야 합니다. 단순한 시간의 투입이 아니라 몰입입니다. '성공의 기회를 발견한 사람들'이란 부제가 붙은 책 『아웃라이어Outliers』의 저자 말콤 글래드웰Malcolm Gladwell의 조언이죠. 요즘 창의성을 많이 강조하는데,

창조야말로 1만 시간의 몰입 없이는 이뤄지지 않습니다. 저는 몰입해 전문가로 성장하되 우선 다양한 경험을 쌓고 상식을 넓히라고 말합니다."

# 감옥도 수도원이
# 될 수 있다

**;**

감옥과 수도원은 둘 다 세상과 고립돼 있지만
죄수들은 불평하고, 수사들은 감사한다.

◆ 마쓰시타전기산업 창업주 마쓰시타 고노스케松下幸之助가 한 말 ◆

김경준 딜로이트컨설팅 부회장이 2003년 프로젝트매니저로 있을 때
일이다. 25억 원짜리 프로젝트에 50여 명이 매달렸다. 까다로운 고객
때문에 심리적 압박감도 컸다. 그는 과거 어려웠던 시절을 돌이켜보
았다. 최악은 첫 직장이었던 쌍용경제연구소 시절 회사가 문을 닫아
전 직원이 해고 통보를 받았을 때였다. 당시를 떠올리자 프로젝트를
맡은 것 자체에 감사하는 마음이 생겼다.

　김 부회장은 구성원들에게 이런 내용의 이메일을 썼다. "컨설팅회
사 사람들은 항상 시간에 쫓기고 아이디어 빈곤에 시달리는가 하면
인간적인 갈등 탓에 스트레스를 많이 받지만, 우리 일터를 수도원으

로 승화시키느냐 교도소로 전락시키느냐는 우리에게 달렸습니다. 세상을 살아가는 건 누구에게나 만만치 않지만 이를 받아들이는 내면 세계의 차이가 우리 인생을 다르게 만듭니다."

수도원과 교도소 이야기는 본래 파나소닉Panasonic의 전신인 마쓰시타전기산업 창업주 마쓰시타 고노스케가 한 말이다. 일본에서 '경영의 신'으로 추앙받는 그는 생전에 사원들에게 이런 말을 했다. "감옥과 수도원은 둘 다 세상과 고립돼 있지만, 죄수들은 불평하고 수사들은 감사한다." 스스로 감사할 수 있다면 감옥조차도 수도원이 될 수 있다는 의미다.

마쓰시타 고노스케는 가정형편이 어려워 아홉 살 때 소학교를 중퇴했다. 더욱이 타고난 약골이었다. 매사에 적극적이었던 그는 이런 말을 남겼다. "하늘이 가난을 주었기에 부지런함을 얻었고, 병약함을 내렸기에 건강의 소중함을 깨달았다. 그리고 충분히 교육받지 못할 환경을 하늘이 선사해 나로 하여금 다른 모든 사람을 스승으로 삼게 했다."

## ■ 세상 이치를 받아들이는 것도 결국 마음의 일이다

김 부회장은 이 시대에 필요한 리더십 스타일의 모델로, 파산한 일본항공Japan Airlines을 극적으로 회생시킨 이나모리 가즈오稻盛和夫 교세라京セラ 명예회장을 꼽는다.

"'소선小善은 대악大惡과 닮았고, 대선大善은 비정非情과 닮았다.' 이나모리 회장이 한 말입니다. 급여인상 같은 작은 선善이 쌓여 파산이라는 최악의 사태를 맞고, 구조조정은 일견 비정해 보이지만 기업을 회생시키는 최선의 결과를 낳는다는 거죠."

이나모리 가즈오는 독실한 불교 신자다. 자비를 경영 철학의 근간으로 삼았다. 2010년 그는 79세의 고령으로 파산한 부실공기업 일본항공JAL 회장에 취임했다. 1년 후 4만 8,000명의 임직원 중 1만 6,000명을 감축하는 대규모 구조조정을 단행한다. 구성원 세 명 중 한 명을 해고하는 비정한 일을 저지른 것이다. 이듬해 JAL은 흑자로 전환했다. 회생의 소임을 다한 그는 2년 후 퇴임했다. '관대하고 온유한 리더는 선하고, 엄격하고 냉혹한 리더는 악하다'는 이분법적 관념은 공허하다.

김 부회장도 과거 비정한 해고를 겪었다. 1997년 5월 3일 그는 첫 직장인 쌍용경제연구소에서 동료들과 함께 잘렸다. 쌍용그룹이 기울면서 연구소가 전격 폐쇄됐기 때문이었다. IMF 체제 전야였다. 그는 "이날이 사회생활을 하는 동안 가장 많이 성장한 하루였다"고 회고했다. 세상일이 마음대로 안 되지만 그런 세상 이치를 받아들이는 것도 결국 마음이라는 걸 그때 알았다. 딜로이트로 옮겨 승승장구한 건 직장이라는 '창살 없는 감옥살이'를 수사적 삶으로 승화시켰기 때문일 것이다.

그는 "따지고 보면 직장생활도 행동반경이 제한적이고, 사회생활 역시 여러 요인에 의해 규정되고 구속당한다는 점에서 갇혀 지내는 것이라고 할 수 있다"면서 "몸담고 있는 물리적 공간 자체보다 그 공간에서 어떤 마음으로 무엇을 하면서 시간을 보내느냐가 더 중요하다"고 말했다.

"건강, 가족, 직장 같은 기초적인 삶의 조건에 대해 감사하게 됐습니다. 어려서는 상대적인 박탈감에 빠져 분노하기도 했거든요. 직장이 불안하거나 집값이 떨어지면 걱정을 많이 하지만 막상 큰 병에 걸리고 나면 그 정도는 별것 아니란 사실을 깨닫게 됩니다. 현실에 대한 인식은 결국 당사자의 자유의지와 감사하는 마음에 달려 있는 거죠."

## ■ 개인, 기업, 사회의 리더십 재구축이 절실하다

김 부회장은 지금의 한국 사회가 "스스로 문제를 해결하는 능력을 상실해가고 있다"고 진단했다. 2차 성장통을 호되게 겪고 있다는 것이다. 그래서 사회 각 분야에서 컨설팅의 역할이 그 어느 때보다 중요해졌다고 말한다.

"모든 게 정치화하고 전문가들마저 타락해 개인이고 집단이고 전문적 의견을 낼 주체가 보이지 않아요. 무엇보다 리더십의 재구축이 가장 시급한데, 정작 각계의 리더들은 연예인화하고 있다는 생각입니다. 경제 리더들마저 그런 경향이 엿보이니 개탄스럽기 짝이 없어요."

연구소의 역할이 지식의 격차를 좁히는 것이라면, 컨설팅의 역할은 글로벌한 차원에서 지식과 경험의 격차를 메우는 일이다. 김 부회장은 "컨설팅회사에 의뢰한다고 100% 성공하는 건 절대 아니지만, 지식과 경험 부족으로 저지르는 황당한 실수는 컨설팅을 통해 막을 수 있다"면서 컨설팅의 '구매'를 중고차를 사는 것에 비유했다.

"새 차의 경우 가격이 정해져 있어 차를 잘 몰라도 상관없지만, 중고차를 사려면 차에 대해 공부를 좀 해야 합니다. 아니면 차에 대해 잘 아는 사람의 도움을 받아야죠. 컨설팅을 받을 때도 해당 영역에 전문성 있고 신뢰할 만한 회사를 알아본 후 장기적으로 계약을 맺는 게 효율적이고 비용 면에서도 유리해요. 이 점에서 의료 서비스를 이용하는 것과 흡사하다고 할 수 있어요. 처음엔 '닥터 쇼핑'을 해야겠지만 치료기간에 병원을 자주 옮기는 건 바람직하지 않죠. 결국 컨설팅은 자기 돈 들여 문제해결에 필요한 조언을 듣는 것일 뿐 의사결정은 자신의 몫입니다."

컨설턴트로서 그는 "오늘날 삼성전자가 직면한 도전은 리더십의 문제로 볼 수 있다"면서 "삼성전자라는 거대기업이 어떻게 벤처의 활력과 역동성을 유지하느냐가 관건"이라고 말했다. 패스트팔로어fast follower를 넘어 퍼스트무버first mover가 될 필요조건을 갖췄으니, 규모와 역동성이 양립하는 조직문화로 이끌어가야 한다는 것이다.

이제 중견기업도 글로벌화가 피할 수 없는 화두가 됐다. 김 부회장은 "토종 치킨과 커피 프랜차이즈 브랜드도 시장을 찾아 해외로 나가는 시대"라고 말했다. 과거에는 대기업과 동반진출을 했다면 이제 사업기회를 찾아 독자적 해외진출도 불사해야 한다는 것이다. 그는 저출산 문제 역시 글로벌한 접근으로 풀어야 한다고 주장했다. 과거 선진국들이 그랬듯이 이민, 특히 전문직 이민을 받아들이는 해법을 고려할 때가 됐다는 얘기다.

"가임세대에게 우리 사회가 안정감도, 호전의 가능성도 보여주지 못하고 있는 게 문제예요. 단일민족이라는 순혈주의 사고를 버리고 한국인의 정의를 '대한민국의 가치관에 동의하는 사람들'로 확장하면 이민을 못 받아들일 이유가 없습니다. 근본적으로 우리 사회의 기득권 구조를 타파해야겠지만 서비스 시장을 개방하는 것도 부분적인 해법이 될 수 있다고 봅니다."

# CEO는 책임질 뿐,
# 변명하지 않는다

;

### 리더는 본디 외롭다.

◆ 박찬구 대표가 경영 멘토인 윤석금 웅진그룹 회장에게 들은 조언 ◆

박찬구 세방전지<sup>㈜</sup> 대표는 한양대 섬유공학과 출신이다. 병역특례로 제일합섬<sub>새한·웅진케미칼의 전신</sub>에 들어가 미국 펜실베이니아대 와튼스쿨로 유학을 떠나기까지 6년간 근무했다. 귀국 후 삼성경제연구소, 아서디리틀코리아, 재능교육 등을 거쳐 2008년에 16년 만에 첫 직장으로 귀환했다. 그때부터 5년간 웅진케미칼 CEO로 재임했다. 모든 샐러리맨의 꿈은 자기 회사 CEO가 되는 것이다. 그는 말하자면 돌고 돌아 첫 직장의 CEO를 지냈다.

CEO는 매사에 스스로 판단하고 책임을 져야 한다. "리더는 본디 외롭다." 박 대표는 웅진케미칼 재직 시절 오너이자 경영 멘토였던 윤석금 웅진그룹 회장에게서 이 말을 반복적으로 들었다고 한다. 그때 CEO로서 당당하게 책임지는 자세를 배웠다.

윤석금 회장은 그 자신이 평소 공언한 대로 웅진그룹이 어려웠던 시절 스스로 어렵다고 말하지 않았다. 한국브리태니커 백과사전 외판원으로 사회생활을 시작해 웅진씽크빅을 창업한 그는 이 회사를 기반으로 웅진을 자산 기준 30대 그룹으로 키웠다. 하지만 세계적인 경제위기로 2012년 날개를 접어야 했다. 윤 회장은 웅진그룹 지주회사인 웅진홀딩스의 법정관리를 1년 4개월 만에 조기졸업하고 최근 재도약을 위한 시동을 걸었다. 이 '샐러리맨의 신화'도 그동안 많이 외로웠을 것이다.

CEO는, 다른 모든 리더와 마찬가지로 그 자리에 앉는 날부터 외로울 수밖에 없는 존재다. 구성원에게든 고객에게든 구구한 변명을 할 수도 없고 하지도 말아야 한다. 박 대표는 "CEO는 회사가 어려울 때도 외롭지만, 잘될 때도 외롭다"고 말했다.

"CEO는 경영 성과가 좋을 때는 좋을 때대로 기여자가 누군지 판단을 잘해야 합니다. 능력 있는 사람을 발탁해 쓰는 게 사장의 일이니, 자신이 발탁한 사람이 역량을 제대로 발휘 못해도 사장이 책임져야죠. 결국 사장은 회사의 모든 일이 나의 책임이라는 생각으로 임해야 합니다. 사장은 그래서 태생적으로 외로운 존재입니다. 외롭지만 트루먼 미국 대통령의 말처럼 '책임은 여기서 끝난다The buck stops here'는 자세로 일해야 돼요."

## ■ 어떤 경우라도 소통을 포기하지 마라

박 대표는 리더의 덕목으로 잭 웰치 전 GE 회장이 말하는 '솔직함
candor'을 첫손에 꼽았다.

"리더는 팀을 만들어 이끄는 사람입니다. 최고의 팀을 만들려면 팀원
들에게 자신의 생각을 허심탄회하게 털어놓을 줄 알아야 합니다."

웅진케미칼이 일본 도레이東レ에 매각될 당시의 일이다. 회사의 주
인이 바뀌는 절박한 상황이었다. 박 대표가 어느 기업으로부터 회사
를 인수하겠다는 약속을 받았다는 소문이 사내에 돌았다. 사장이 사
익을 추구한다는 등 이런저런 음해성 이야기가 회사 안에 파다했다.
그는 본사와 공장을 오가며 직원들을 상대로 타운홀미팅town hall
meeting 방식의 설명회를 여러 차례 열었다. 이때 매각 건은 가장 높은
액수를 제시한 기업에 하는 게 기본원칙이라고 밝혔다. 미리 설치한
질문함에 담긴 구성원들의 질문에 대해서도 일일이 설명했다. 어떤
질문이든 수용하다보니 자극적인 질문도 나왔다고 한다. 분기별 경
영설명회 때 같은 방식으로 문답시간을 가졌기에 직원들도 잘 호응

했다.

"상황이 상황인 만큼 소통에 어려움이 있었습니다. 그래도 강철 같은 의지로 버티면서 소통의 끈을 놓지 않았죠. 개인이든 조직이든, 소통은 어떤 상황에서도 정말 포기해서는 안 되는 미션입니다."

또 "아랫사람에게 사과할 줄 알아야 한다"고 그는 말했다. 자녀에게나 부하직원에게나 잘못을 했을 땐 사과를 하는 것이 좋은 관계를 유지하는 데 도움이 된다고 덧붙였다.

"잘못 판단했으면 잘못을 인정해야 합니다. 변명을 할 게 아니라 사과를 해야 합니다. '미안하다. 내가 잘못 생각한 탓에 당신이 공연히 힘만 뺐네' 하고 아랫사람에게 말할 줄 알아야 합니다. 그런데 우리 사회는 어떤가요? 잘못 판단한 경우 리더나 연장자가 흔히 사과하지 않고 어물쩍 넘기거나 '일을 하다보면 그럴 수도 있지' 하는 식으로 되레 당당하게 굽니다. 구성원의 사기를 떨어뜨려요. 리더는 세 보여야 하고 잘못하는 것이 없어야 한다는 생각에 사로잡혀 있기 때문이죠."

박 대표는 "변명은 금물이지만 공세적인 해명은 때로 필요하다"고 주장했다. 웅진케미칼이 도레이에 인수될 당시 노조 측이 위로금을 지급하라고 회사에 요구했다. 그는 "웅진그룹의 상황이 안 좋고 웅진케미칼이 새 대주주를 만나 회사가 안정되는 건데 왜 위로금을 지급해야 하느냐"고 따졌다. 위로가 아니라 오히려 축하를 받을 일이라고 응수했다.

그러자 노조가 격려금으로 명목을 바꿔 다시 금전적 보상을 요구했다. 현수막도 내걸었다. 일종의 정서법에 따른 요구였다. 그는 "참 사장 할 맛이 나지 않았다"고 털어놓았다. 결국 돈을 주고 나서 "대주주가 바뀌었다고 해서 회사를 상대로 삥 뜯으려 하는 건 나쁜 관행"이라고 일침을 놓았다.

"노조 간부들의 표정이 복잡했습니다. 나중에 개별적으로 만났을 땐 고맙고 미안하다고 하더군요. CEO가 동정을 구해서는 안 되지만 할 말은 해야 합니다."

## ■ 세상이 바뀌어도 강한 멘탈은 필수

박 대표는 리더를 꿈꾸는 사람들에게 "자기성찰을 꾸준히 하고 외로움을 견딜 각오를 하라"고 말했다. 또 "리더는 멘탈이 강해야 한다"는 주장도 했다. 태평한 마인드를 장착하고 어려움이 아니라 문제 자체에 집중해야 한다는 것이다.

"과거엔 회사가 어려우면 끙끙댈 때가 많았습니다. 밤에 자다가도 깨곤 했죠. 그런데 사장은 본디 외롭고 힘든 자리라고 생각하니 끙끙댈 이유가 없더라고요. 회사를 매각하는 중차대한 상황에서도 중간에 깨지 않고 잘 잤습니다. 잠 못 이룬다고 되는 일도 아니거든요. 따지고 보면 사람은 누구나 인생이라는 고통의 바다에 떠 있는 일엽편주一葉片舟 신세입니다."

외로운 CEO에게 회사 내 친구가 필요하진 않을까? 그는 임원들과 일도 같이하고 술친구도 되는 게 바람직하다고 말했다. 하지만 "외로워도 징징대진 말아야 한다"고 덧붙였다.

"제 경우 80% 이상의 임원과 터놓고 이야기합니다. 물론 친구가 되기 어려운 임원도 있어요. 리더가 다가가야 하지만 일방적인 노력만으로는 될 일이 아니죠. 모든 사람과 친구가 될 수는 없듯이, 모든 임원과 그런 관계를 맺는 건 거의 불가능합니다."

한편 CEO들이 당면한 경영 화두로 박 대표는 '뉴노멀New Normal, 시대가 변화함에 따라 새롭게 부상하는 표준. 저성장, 규제강화, 소비위축 등 2008년 글로벌 금융위기 이후 새로 나타난 세계경제의 주요 흐름 시대에의 적응'을 꼽았다.

"저성장도 아니고 아예 무無성장 시대를 맞았습니다. 제조업체 중 생산을 늘린 후 매출이 증가한 데가 몇 곳 없어요. 조직이 고령화해 앞으로 로봇을 가동해도 생산성은 떨어질 겁니다. 연령대 높은 합창단이 '고음불가'인 것과 비슷한 현상이죠. 연공에 따른 임금체계에서 임금은 계속 오르는데 노조는 임금피크제 도입에 반대하는 게 현실이고요. 뉴노멀 이슈에 전 사회적으로 어떻게 대처할 건지, 우리 앞에 놓인 숙제입니다."

그는 젊은 세대에게 "다수가 가는 길과 반대의 선택을 하라"고 권한다.

"한마디로 스펙과 안정성을 좇지 말라는 거예요. 명문대를 나와 국내 대기업이나 공기업에 취직하지 말라는 겁니다. 어렵게 취직돼도 거기는 이미 경쟁이 치열한 레드오션이에요. 들어가봤자 자기가 하고 싶은 일을 하기도 어렵고요. 그러니 대학에 목매지 말고, 외국행도 고려해보고, 중소기업을 창업할 생각도 해보라는 겁니다. 그 편이 ROI투자자본수익률가 더 높아요."

# 사물과 현상을
# 꿰뚫어보라

**;**

### 격물치지格物致知.

◆ 유교 경전 사서四書 가운데 하나인 『대학大學』에 나오는 말 ◆

윤종용 전 삼성전자 부회장은 한국을 반도체 강국으로 이끈 주역이다. 그는 이공계 출신이지만 1966년 삼성에 입사한 후로 경리·회계 쪽 업무도 두루 섭렵했다. 2008년 5월까지 18년 남짓 삼성전자 CEO로 있는 동안엔 회사 일을 프로세스별로 시스템화해 효율을 높이는 한편 분야별로 아랫사람들에게 권한을 위임했다. 어쩌면 그는 위임의 리더십 덕에 CEO로 장수할 수 있었는지 모른다. 권한의 위임도 그 일을 철저히 알아야 제대로 할 수 있다. 격물치지라는 말처럼, 사물과 현상에 대한 앎이 확고할 때 지혜가 발휘되는 법이다.

"수신제가치국평천하修身齊家治國平天下라고 하지 않습니까? 『대학』에 나오는 말인데, 심신을 닦고 집안을 정제하고 나서 나라를 다스리고 천하를 평정하라는 뜻이죠. 그러자면 우선 마음을 바로해야 하고, 뜻이 성실해야 하고, 앎이 철저해야 합니다."

격물格物이란 꿰뚫어보는 것이다. 통찰이라고도 할 수 있다. 무엇이 근본本이고 말단末인지 헤아리는 것이 곧 격물이다. 사물의 이치에 통달하는 이 격물이라는 과정을 거쳐야 비로소 지식이 지혜의 경지에 이르게 된다.

미국《포춘》지가 2005년 '아시아에서 가장 영향력 있는 기업인' 1위로 뽑은 윤 전 부회장의 방엔 '격물치지'를 표구한 액자가 걸려 있다. 그가 환갑이 되던 해 이재용 삼성전자 부회장이 선물한 것이다. 글씨를 잘 쓰는 삼성 출신 한 인사의 작품이라고 한다.

## ■ CEO는 기술과 사람의 미래를 준비해야 한다

윤 전 부회장이 젊었을 때부터 권한 위임을 잘했던 건 아니다. 서울대 전자공학과와 MIT 대학원을 나온 그는 젊은 시절 일을 많이 챙기고 실무자에게 잘 따졌다. 자신이 일을 가장 잘 알고 자기가 다 해야 한다고 생각했기 때문이다. 말하자면 만기친람萬機親覽형 리더였다.

남의 이야기도 잘 안 들었다.

직책이 높아지면서 하는 일의 범위가 넓어졌다. 더 이상 다 알 수도, 다 할 수도 없었다. 능력 있는 사람을 키워 일을 맡겨보니 잘해냈다. 자율적으로 일할 때 성과가 더 크다는 것을 비로소 알게 됐다. 그후로 믿고 맡겨도 되겠다 싶으면 위임을 했다.

"한 분야에서만 일한 사람은 CEO를 맡는 데 한계가 있습니다. 가령 기술을 아는 것은 제조업 CEO로서 큰 장점이지만, 다른 분야를 모르는 건 상당한 핸디캡이죠. 사람을 잘 뽑아 적절하게 권한을 이양 empowerment하면 이런 문제를 극복할 수 있어요. 회계 같은 일은 위임을 통해 얼마든지 해결할 수 있습니다."

위임의 조건은 훈련과 신뢰다. 위임받은 일을 실행에 옮길 만한 능력을 길러준 후 믿고 일을 맡겨야 한다. 신뢰가 바탕이 돼야 최선을 다하고 일을 잘하기 위해 스스로 고민도 한다.

윤 전 부회장은 늘 위기의식을 갖고서 미래의 세상을 통찰하려 애썼다. 또 미래에 대비하기 위해 인재 양성과 기술개발에 힘썼다. 한마디로 기술과 사람이 미래를 준비하는 키워드였다. 그는 CEO 등 의사결정권자가 일에 파묻혀 지낼 때의 문제로 미래에 대해 생각하지 못하게 되는 것을 꼽았다.

"윗사람은 자기 시간이 많아야 합니다. 그래야 일에서 벗어나 조직의 미래에 대해 구상할 수 있어요. 또 아랫사람 이야기를 많이 들어야 합니다. 그럴 때 그 사람의 미래에 대해서도 생각해볼 수 있죠."

## ■ 인문적 소양이 경영의 이정표

윤 전 부회장의 집무실을 찾았을 때의 일이다. '격물치지'가 걸린 벽 맞은편이 서가로 채워져 있었다. 집무 책상 위에도 책이 눕혀진 채 잔뜩 쌓여 있었다. 『상식 밖의 경제학』『세계는 평평하다』『경제사』『케임브리지 중국사』『중국역사박물관』『골프에서 길을 묻다』『북한의 선군외교』 등이 눈에 들어왔다. 독서 편력으로 미루어 그의 관심사는 경영, 경제, 역사, 북한, 골프 등 실로 다양해 보였다.

이공계 CEO지만 그는 인문학을 중시한다. 기업은 말할 것도 없고 어느 분야에 종사하든 인문적 소양이 없으면 안 된다는 게 그의 생각이다. 인문학의 대명사 격인 문사철文學·歷史·哲學 중에서도 윤 전 부회장이 주목하는 것은 역사다. 그래서 그는 문사철을 사史·철哲·문文순으로 꼽는다.

"철학을 하든 경제학을 하든 역사를 알아야 합니다. 특히 리더와 전문가는 분야를 막론하고 역사의식이 있어야 합니다. 역사의식이 생기려면 두 가지 역사를 알아야 해요. 하나는 전반적인 역사입니다. 과거의 역사, 현재 상황에 대한 인식이 있어야 미래를 제대로 내다볼 수 있죠. 다른 하나는 자신이 종사하는 분야의 역사입니다. 가령 CEO라면 1415년에 시작된 포르투갈의 대항해 시대와 그보다 앞선 명나라 영락제의 대항해를 아는 것은 물론이고 이 두 항해의 목적이 서로 어떻게 다른지도 알아야 합니다. 또 1776년 산업혁명이 시작된 후 약 50년 주기로 산업이 변천한 것도 알아야죠."

윤 전 부회장은 그래서 역사서를 탐독한다. 그중에서도 산업사를 다룬 책을 즐겨 읽는다. 인물전도 가까이한다. 책은 속독보다 정독하는 편이고, 전권을 다 읽기보다 필요한 대목을 골라 읽는 발췌독을 주로 한다. 꼭 읽어야겠다고 마음먹은 책은 두 권을 사서 집과 사무실에 각각 한 권씩 둔다. 책값이 두 배로 들지만 굳이 들고 다니지 않아도 되는 편리함이 있다. 정말 좋은 책은 두어 번씩 반복해 읽는다.

또 두세 권의 책을 동시에 읽어나간다. 로마사 관련 책과『화폐전쟁』같은 책을 번갈아 읽는 식이다. 연결이 잘 안 될 때면 다시 앞으로 돌아가 일별한다.

그는 삼성전자 CEO 시절 직원 교육용으로『초일류로 가는 생각』이라는 책을 썼다. 두 권으로 되어 있는데 각각 '역사와 미래', '경영과 혁신'이라는 부제가 달렸다. 부제에 등장하는 이들 네 단어는 CEO 윤종용을 읽는 키워드라고 할 만하다. 「경영과 혁신」편엔 '손자병법에서 배우는 경영의 지혜'라는 글이 실려 있다. 이 글에서 그는 『손자병법孫子兵法』「모공謀攻」편에 나오는 다섯 가지 승리로 이끄는 길을 소개하고 경영자와 관리자들이 새겨야 할 명언이라고 규정했다.

- ▶ 싸워야 할 때와 싸우지 않을 때를 알면 이긴다.
- ▶ 많음과 적음, 즉 수적인 우열을 이용하면 이긴다.
- ▶ 윗사람과 아랫사람이 세운 목표가 같으면 이긴다.
- ▶ 경계를 철저히 하면서 준비하고 기다리면 이긴다.
- ▶ 전쟁을 수행 중인 장군이 능력 있고, 군주가 그의 행동을 간섭하지 않으면 이긴다.

마지막 이기는 길은 오너가 유능한 전문경영인에게 경영을 위임하면 시장에서 이길 수 있다는 뜻으로도 해석할 수 있다.

'샐러리맨의 신화'가 된 윤 전 부회장은 젊은 세대에게 중소기업에 들어가라고 권한다. 중소기업에서 시작해 회사도 키우고 스스로도 성장하라는 취지에서다. 실제로 그가 그렇게 했다. 1969년 그가 삼성전자공업삼성전자의 전신으로 발령이 났을 때 이 회사는 중소기업이었다. 겨울이면 난방이 안 돼 화장실 변기가 막혔고 휴지도 제대로 없었다고 한다.

그는 그보다 3년 앞서 삼성그룹에 입사했다. 그 후 차출돼 삼성전자와 인연을 맺은 것이다. 당시 이병철 삼성 창업주가 서울 소공동 롯데호텔 맞은편에 있던 삼성 본관에 삼성전자 설립팀을 만들었는데 그 팀에 뽑힌 것이다. 그 후 자신의 모토대로 성실하고 정직하게 일해 CEO 자리에 올랐다.

# Chapter 3

## CHALLENGE

# 성공의 기회를
# 잡다

# 생각의 크기가
# 잠재력의 크기다

;

## 나는 내 생각의 소산所産이다.

◆ 불교를 창시한 석가모니釋迦牟尼의 말 ◆

김승호 스노우폭스 회장은 '세계 최대의 도시락회사'로 성공하기 전 미국에서 사업에 일곱 번 실패했다. 이불가게를 할 땐 서울 남대문시장의 베갯잇, 커튼 등을 사다가 팔았다. 두 나라 간에 가격 차가 최대 20배나 됐다. 그런데도 실패했다. 패착은 미국사람들은 침구류 등을 세트로 구매한다는 사실을 몰랐던 것이다. 한국에 홈스타일링 문화가 없던 시절이었다.

지역신문사를 차렸을 땐 동업자들과 문제가 생겼다. 일곱 명의 주주가 기사 마감 때마다 서로 부딪쳐 신문이 엉망이 됐다. 권한과 책임의 소재가 명확하지 않은 탓이었다. 증권·선물회사는 전문성도 경힘도 없이 뛰어든 결과 문을 닫았다. 한국식품점, 컴퓨터조립 업체, 건강식품점 등을 연이어 차렸지만 벌이는 사업마다 줄줄이 망했다.

일곱 번째 사업에 실패한 후 집으로 간 그는 아내의 무릎에 얼굴을 묻고서 어깨를 들썩이며 울었다. 그런 그에게 아내가 이렇게 말했다. "내가 나가서 웨이트리스라도 할 테니 다시 한 번 도전해봐요." 그는 "가족의 지지가 없었다면 그때 거기서 쓰러졌을 것"이라고 회고했다.

"다양한 사업을 하는 동안 겪은 갖가지 실패는 지금 하는 비즈니스를 완성하는 과정에서 역설적이지만 좋은 교훈이 됐습니다. 예방주사를 맞은 격이죠."

김 회장은 "나는 내 생각의 소산이다"라는 석가모니의 말을 실행에 옮긴 것을 칠전팔기 끝에 이룬 성공의 비결로 꼽았다. 현재의 모습은 과거에 내가 한 생각들의 결과물이라는 것이다. 그는 사람의 생각은 어떤 물리적 힘을 지녔다고 믿는다. 그래서 자신의 생각대로 자신의 모습을 형성하게 된다고 받아들인다.

"생각을 효율적으로 하는 사람이 세상을 이끌고 지배도 합니다. 미래 나의 삶을 바꾸려면 지금 나의 생각을 바꾸면 됩니다. 현재의 나를 빚은 생각을 앞으로도 계속하면서 미래의 내가 바뀌기를 바라는 건 불합리한 기대예요. '생각하는 대로 살지 않으면 사는 대로 생각하게 된다'는 이야기도 같은 맥락이죠."

## ■ 기회는 분명한 목표를 가진 사람에게 찾아온다

스노우폭스는 김밥과 스시를 파는 첫 번째 '그랩 앤 고Grab & Go' 레스토랑이다. 편의점과 식당의 중간에 해당하는 모델로, 메뉴를 주문하는 단계가 없다. 고객은 매장에서 자기가 먹을 걸 골라 담아 계산한 후 들고 나가면 된다. 미국·유럽·호주·한국 등 전 세계에 1,400여 지점이 있다.

식당은 테이블 회전율을 극대화해야 성공한다. 그런데 그랩 앤 고는 고객이 테이블을 점유하지 않아 회전율 자체가 적용되지 않는 비즈니스모델이다. 김 회장은 "업주와 소비자는 물론 매장을 임대한 건물주까지 모두가 윈윈WIN-WIN 하는 공생형 비즈니스모델"이라고 말했다.

2005년에 미국에서 스노우폭스 첫 매장을 열었을 때 그는 미국 지도를 사다가 벽에 걸었다. 그 지도에 향후 미국 전역에 낼 300곳의 지점을 표시했다. 사람들은 그런 그를 이상하게 봤다. 300곳으로 지점을 늘리겠다는 그의 말을 귀담아들으려 하지도 않았다. 그러나 지점 수가 1,000개를 넘기자 사람들이 그를 다시 봤다.

"제가 3,000개 지점을 차리겠다고 했더니 이제 사람들이 믿어줍니다. 사람의 잠재력은 그 사람이 하는 생각의 크기에 비례합니다. 생각이 커지면 거기에 맞춰 행동이 달라지죠. 전국적 규모의 사업을 꿈꾸지 않은 사람이 전국적인 사업가가 되는 일은 거의 없어요. 꿈을 이룬 사람들은 무엇보다 그 꿈이 이루어지기를 간절히 원한 사람들입니다."

그는 도원결의桃園結義를 맺은 『삼국지연의三國志演義』의 세 장수를 예로 들었다. 제왕을 꿈꾸고 왕으로서의 기품을 갖춘 유비와 달리, 관우와 장비는 무예는 뛰어났지만 왕이 될 생각이 애초에 없었다.

"정치인 김영삼이 대통령이 된 것도 까까머리 중2 시절 하숙집 책상 머리에 '미래의 대통령 김영삼'이라고 써 붙일 만큼 대통령이 되겠다는 각오가 일찍부터 단단했기 때문입니다."

한국인 중 가장 성공한 해외 외식기업인인 김 회장 역시 그랬다. 목표를 이루고 원하는 것을 손에 넣기 위해 그 내용을 종이에 매일 100번씩 100일간 손글씨로 썼다. 매장을 새로 차릴 땐 매장 안의 모습을 머릿속에 한번 그려본다. 꿈을 이미지화하는 과정이다.

"단순한 행동이지만 막상 실행에 옮기려면 생각보다 어렵습니다. 하다가 멈추면 그렇게 절박하진 않은 거죠. 자신의 목표를 명확히 인지

하면 주변 상황의 변화 등 변수가 생겼을 때 쉽게 알아챌 수 있습니다. 반대로 목표가 명확하지 않으면 기회가 있어도 잡을 수 없어요. 운도 작용합니다. 행운은 불특정다수가 아니라 준비된 사람을 찾아가죠. 물론 이런다고 꿈이 다 이루어지는 건 아니지만, 실현될 확률은 현저하게 높아집니다. 저는 이 방법으로 일곱 번 꿈을 이뤘습니다."

## ■ 기준을 높여야 성취도 높아진다

고대 힌두교 경전인 『바가바드기타Bhagavad Gītā』엔 이런 구절이 있다. "마음을 정복한 사람에게 마음은 최고의 친구다. 그러지 못한 사람에게 마음은 최대의 적이다." 부처 역시 "훈련되지 않은 마음처럼 제멋대로인 것은 없다. 훈련된 마음처럼 잘 복종하는 것도 없다"고 말했다.

김 회장은 지금도 일주일에 한 권꼴로 책을 읽는다. 분야를 가리지 않고 마치 공부하듯 독서를 한다. 그가 책에 빠지게 된 계기가 있었다. 학창 시절 그는 아주 평범한 학생이었다. 소심했고 성적도 중하위권이었다. 어느 날 등굣길 버스에서 문고판 책을 한 권 주웠다. 수업 중 책상 위에 놓인 이 책을 본 담임교사가 그를 교무실로 불러 121권의 책 제목이 적힌 목록을 건넸다. 난생처음 교사의 관심을 받은 그는 2년에 걸쳐 121권의 책을 다 읽었다고 한다.

"책을 많이 읽으면 독자적으로 생각하고 판단하는 힘이 생기죠. 지금
도 용돈 중 가장 큰 비중을 차지하는 게 책값입니다."


언젠가부터 김 회장은 해마다 명함 뒷면에 0.3밀리미터 볼펜으로
갖고 싶은 것들을 적는다고 했다. 사고 싶은 건물, 갖고 싶은 자동차
모델 같은 것이다. 그는 이 중 약 70%를 손에 넣었다고 털어놓았다.
지금은 다섯 가지 목표만 적어 넣는다.


"《포브스》 400대 부자 진입, 100명의 주변사람 백만장자 만들기, 회
사 매출액 목표 등이죠. 이 중 백만장자 만들어주기는 꽤나 영악한 목
표입니다. 주변사람들을 백만장자로 만들려면 저부터 억만장자가 돼
야 하거든요."


그는 여러 사업체를 거느리고 있다. 이들 회사의 경영은 일곱 명
의 사장에게 위임했다. 얼마 전엔 '나를 위한 꽃집'을 표방한 스노우
폭스 플라워를 시작했다. 꽃을 충동구매하는 고객, 전체 꽃 시장의
1.5%가 타깃 마켓이다.
　증자 여부, 임원 인사, 신규사업 진출, 이 세 가지만 김 회장이 직접
결정하고 나머지는 위임받은 사장들의 몫이다. 그는 자신의 자유를
침해하거나 너무 많이 관여해야 하는 사업은 아예 벌이지 않는다. 사
업체가 늘어나도 그가 일에 매몰되지 않는 까닭이다.

김 회장은 미국에서 농장을 운영한다. 이 농장에 그가 직접 울타리를 치려고 했을 때의 일이다. 어설픈 그의 솜씨를 보고 같은 마을의 릭이라는 중노인이 나섰다. "내가 죽은 후에도 멀쩡하게 서 있을 울타리를 만들어주겠소." 그런데 릭이 만든 튼튼한 울타리가 그만 망가지고 말았다. 김 회장이 불도저로 잘못 건드린 탓이었다. 어느 날 울타리를 손질하고 있는데 릭이 지나가다 그걸 보고 벌컥 화를 냈다.

"남의 농장에 와서 그가 어이없게도 '내 울타리를 왜 이렇게 만들어놨느냐'는 거예요. 스스로 한 일을 그런 관점에서 바라보는 사람을 저는 그때 처음 제대로 봤습니다. 일종의 장인정신이죠. 릭 덕에 내가 하는 일의 스탠더드를 올려야겠다는 생각을 하게 됐습니다. 높은 수준에서 일을 해야 일의 성과를 높일 수 있어요. 이런 성찰 역시 생각의 소산입니다."

# 도전하는 사람이
# 자리를 만든다

;

부하직원에게 잘하십시오.
언젠가 여러분의 상사가 될 수도 있습니다.

◆ 채은미 대표의 멘토였던 페덱스의 루시 콘리 전 총괄상무가 한 말 ◆

채은미 페덱스코리아 대표는 이화여대 불어교육과 81학번이다. 대학
졸업 후 그는 가장 먼저 취업 추천 의뢰가 들어온 대한항공에 입사했
다. 프랑스로 유학을 가고 싶었지만 집안 형편이 여의치 않았다. 그 시
절 그는 이화여대에서 가장 큰 강의실이었던 문리대 건물 414호실에
앉아 이렇게 기도했다. '유학도 못 가고 교수가 되기는 틀렸지만 훗날
학교를 찾는다면 박수를 받을 만큼 훌륭한 사람이 되게 해주세요.'

이때 한 기도가 가끔 생각났지만 오랫동안 잊고 살았다. 몇 년 전
페덱스코리아 대표 자격으로 특강을 하러 모교를 찾았을 때의 일이
다. 강의를 마쳤을 때 후배들의 박수가 터졌다.

"훌륭한 교수가 됐다고 한들 강의실에서 학생들에게 박수받겠습니까? 살다보니 이렇게 뒤늦게 이뤄지는 기도도 있더군요."

## ■ 역지사지의 공감능력을 업그레이드하라

채 대표는 전형적인 아침형 인간이다. 기상 시각은 새벽 5시에서 5시 반 사이. 종합지, 경제지에 영자지까지 신문을 챙겨 읽은 후 한 시간가량 영어 공부를 하고서 출근하면 오전 8시가 조금 안 된다. 정해진 출근 시각보다 한 시간 남짓 이른 시간이다.

"오전에 더 왕성하게, 더 생산적으로 일할 수 있어요. 긴급하거나 중요한 일은 다 오전에 처리합니다. 1985년 직장생활을 시작한 이래 몸에 밴 습관입니다. 특별한 일 없으면 저녁 7시에서 7시 반 사이에 퇴근해 저녁식사도 보통 집에서 합니다."

이 리듬을 유지하기 위해 그는 밤 11시에서 12시 사이에는 잠자리에 든다고 말했다.

채 대표는 남의 명함을 받으면 그날 중 명함 여백에 만난 날과 용건을 적어놓는다. 이때 한 번 더 보는 게 상대방을 입력하는 데 도움이 된다고 한다. 여성 리더십의 특성은 세심한 배려다. 그는 "여성은 상대방의 입장에서 생각하는 경향이 있다"고 말했다.

"항공 등 서비스 산업은 남성보다 부드럽고 세심한 여성에게 더 잘 맞습니다. 콜센터 근무자의 경우 전화로 고객의 이야기를 들으면서 시선은 화면을 향한 채 타이핑을 해야 합니다. 멀티플한 업무죠. 우리나라 여성은 잠재력이 크지만 안타깝게도 자신감과 용기가 부족해 지레 포기하는 경향이 있습니다."

페덱스에 처음 입사했을 때 그는 고객들의 전화를 받는 콜센터 말단직원이었다.

"페덱스엔 현장 배송 담당 직원으로 출발해 최고경영자에 오른 사람이 많습니다. 페덱스코리아의 경우도 부장급의 과반수가 배송 직원 출신이죠. 현장 직원으로 일을 시작하면 고객이 원하는 게 무엇인지 저절로 체득하게 됩니다. 그래서 현장의 소리를 생생하게 회사에 전달할 수 있죠."

페덱스엔 내부자 우선승진 제도가 있다. 승진 기회가 있으면 내부에서 먼저 적임자를 찾는다. 연공서열도 따지지 않는다. 이십대 때 그는 내부 공모를 보고 부장 승진에 도전했다. 매일 일찍 출근해 영어신문을 들여다보는 그를 눈여겨보던 상사가 지원을 권했다. "당신같이 능력 있는 친구가 지원 안 하면 누가 하나?"

이십대 여성의 부장 지원은 당시 페덱스에서도 파격적인 일이었다. 면접관이었던 외국인 임원이 인터뷰 때 까다로운 질문을 쏟아냈다. 그는 "모르면 회사 매뉴얼을 참조해 해결하겠다"고 응수했다. 그렇게 해서 스물여덟에 최연소 부장이 됐다.

그 시절 전화를 받으면 더러 "부장 바꾸라"는 소리를 듣곤 했다. "제가 부장"이라고 하면 "그럼 여자 말고 남자"라고 하는 사람도 있었다. 수많은 알파걸이 '유리 천장'을 뚫지 못했지만 그는 성공적으로 회사 일과 가사, 육아를 병행했다. 아들 양재가 어렸을 땐 일과 후 교육대학원에 다녔다.

국내에 개설된 헬싱키경제경영대학원에서 MBA도 했다. 그 바쁘던 시절에도 그는 귀가하면 잠깐이나마 아이를 챙겼다. 채 대표는 "일 잘하는 여성 후배들이 육아 문제 등으로 회사를 떠날 때마다 아쉽다"고 말했다.


■ 일 잘하는 부하직원이 자신보다 더 잘되게 하라

채 대표는 13년째 페덱스코리아의 지휘봉을 잡고 있다. 그는 마음속에 자리 잡은 한 문장으로 "부하직원이 언젠가 당신의 상사가 될 수도 있다"를 소개했다.

"페덱스 아태지역 고객관리 총괄상무였던 루시 콘리는 과거 제가 페 덱스코리아 고객관리부장일 때 저의 상사였습니다. 이분이 당시 아랫 사람을 홀대하지 말라면서 '그중엔 훗날 여러분의 상사가 될 사람도 있다'고 말했습니다. 나중에 상사가 될 수도 있으니까 지금부터 잘 보 이라는 게 아니라 아랫사람들에게 모범을 보이는 롤모델이 되라는 뜻 으로 한 이야기였죠. 윗사람한테야 누구나 잘하지 않습니까?"

그는 자신의 멘토이기도 했던 콘리 상무에게 이 말을 '나 같은 부 서장도 열심히 하면 최고의 자리에 오를 수 있겠구나' 하는 격려의 뜻으로 받아들였다고 말했다. 채 대표는 2006년 페덱스코리아의 첫 현지인 대표이사로 발탁되면서 실제로 '상사의 상사'가 되는 경험을 했다. 당시 페덱스코리아 이사 다섯 사람 중 세 명의 나이가 그보다 위였다.

사실 요즘은 상사와 부하직원의 관계가 뒤바뀌는 일이 드물지 않 다. 그래서 부하직원에게도 경어를 쓸 필요가 있다. 평소 아랫사람에 게 반말을 하면 부하직원과 직급이 역전됐을 때 자칫 '멘붕'이 올 수 도 있다. 이런 상황에 제대로 적응하지 못하면 다른 조건이 만족스러 워도 결국 조직을 떠나게 된다. 만족스러운 직장에서 한창 의욕적으 로 일할 나이에 이런 문제로 이직을 해야 한다면 개인적으로 불행일 뿐더러 조직에도 마이너스다.

검찰이나 언론계엔 후배가 승진해 리더가 되면 조직을 떠나는 관행이 있다. 이런 경향은 후배를 하대하는 조직문화와도 관계가 있다. 후배보다 승진에서 뒤처지더라도 조직에 적응하려면 평소 부하직원들에게 잘해야 한다. 사무실에서는 경어 사용이 몸에 배야 한다.

채 대표는 30만 명에 이르는 전 세계 페덱스맨 중 우수 임직원에게 주는 파이브스타 상을 세 번 받았다. 재직 중에 한 번 타기도 어려운 상이다. 그가 적극 추천한 통관팀의 이훈중 부장도 이 상을 받았다. 이 부장은 그에게 전화를 걸어 "이렇게 큰 상을 타게 될 줄 몰랐다"고 감사의 마음을 표현했다.

"이훈중 부장이 그 상 받았을 때 못지않게 기뻤습니다. 일 잘하는 부하직원이 잘되는 걸 바라볼 때의 보람은 말로 표현하기 어려워요."

CEO로서 그는 직원들과의 소통을 각별히 중시한다. 페덱스 북태평양지역 인사관리 총괄상무로 있을 땐 직원 대상 개인 컨설팅 프로그램을 도입했다. 이 프로그램은 성과가 좋아 그 후 일본, 대만 등으로 확산됐다.

670여 대에 이르는 페덱스 항공기 중엔 채 대표 아들의 이름을 딴 비행기가 있다. '양재호'다. 페덱스는 항공기를 새로 구입하면 공모를 통해 직원 자녀의 이름을 붙이는데 그가 응모한 '양재'가 채택된 것이다.

아태지역 고객관리를 총괄하던 시절 홍콩에서 근무하던 콘리 상무

가 미국 본사 출장에서 돌아오는 길에 한국에 들렀다. 그의 손엔 양
재호 사진을 끼운 액자가 들려 있었다.

"부하직원인 저에게 선물하기 위해 양재호가 지상에 내리는 시간을
미리 알아보고 사진을 찍게 한 겁니다. 상사의 이런 배려가 아랫사람
의 마음을 움직입니다. 이런 일을 겪은 아랫사람은 또 자신의 아랫사
람을 배려하게 되죠."

# 꿈과의 거리는
# 믿는 만큼 가까워진다

사고방식을 새롭게 바꾸면 스스로를 개조할 수 있다.

◆ **노먼 빈센트 필**Norman Vincent Peale, **『적극적 사고방식**The Power of Positive Thinking』 **중에서** ◆

윤영달 크라운해태홀딩스 회장은 키가 190센티미터에 육박하는 장신이다. 지금은 호방한 타입에 자신 있는 걸음걸이지만, 대학 시절까지 그는 건들거리는 걸음걸이에 숫기 없는 청년이었다. 남들 앞에서 말도 잘 못했고, 어쩌다 노래를 시키면 자신이 없어서 도망을 다녔다. 지금 그의 모습만 아는 사람들은 이런 과거의 그를 상상할 수도 없을 것이다.

숫기 없고 소극적이었던 윤 회장을 지금의 모습으로 바꿔놓은 것은 대학 시절에 읽었던 한 권의 책, 노먼 빈센트 필의 『적극적 사고방식』이다. 저자인 필 목사는 열등감에 사로잡혀 유년 시절을 보냈고 신문 배달원, 점원, 외판원 생활을 하면서 성장기를 지났다. 하지만 긍정적인 사고로 자신을 변모시켰고, 결국 20세기 미국에서 가장 영향력 있는 성직자 중 한 사람이 됐다. 『적극적 사고방식』에서 필 목사는 "사고방식을 새롭게 바꾸면 스스로를 개조할 수 있다"고 주장했다.

필 목사의 유년 시절 고백에서 자신의 모습을 본 윤 회장은 '나도 사고방식을 바꿔 스스로를 개조하겠다'고 마음먹었다. 그는 우선 자세와 걸음걸이부터 고쳤다. 신언서판身言書判, 사람을 판단하는 네 가지 기준 중 맨 앞에 등장하는 게 신체身다. 소심해 보이게 만든 목소리와 웃음소리도 키웠다. 무엇보다 스스로의 성격을 개조하는 데 많은 공을 들였다. 문제를 회피하지 않고 적극적이고 긍정적인 사고를 내면화하려 애썼다.

성격을 개조하는 것이 쉽지는 않았다. 하루아침에 되는 것도 아니었다. 하지만 일단 다르게 생각하기 시작하자 과거에 보이지 않던 것들이 눈에 들어왔다. 부정적이고 비관적인 측면이 먼저 보인 예전과 달리 긍정적이고 낙관적인 측면에 주목하게 된 것이다.

예를 들어 반 컵의 물을 보고 예전엔 '반밖에 안 남았어!'라고 생각했다면 이젠 '반이나 남았어!'라고 긍정적으로 생각하게 됐다. 세상을 바라보는 관점이 조금만 바뀌어도 결과가 크게 달라질 수 있다. 반밖에 안 남았다고 생각할 때와 달리 반이나 남았다고 생각하니 행복해지고 그 상황을 즐길 수 있게 되었다.

# ■ 활로活路를 찾기 위해 고지高地를 탐하다

열심히 하는 사람은 즐기는 사람을 당할 수 없다고 한다. 해야 할 일보다 즐거운 일에 마음이 더 가는 것은 인지상정이다. 윤 회장 역시 "마음이 가 닿지 않으면 눈으로 봐도 보이지 않는다"고 말한다. 그는 『대학』에 나오는 '심부재언시이불견心不在焉視而不見'이라는 말을 자주 인용한다. 마음을 쏟아야 비로소 보인다는 뜻으로, 하고자 하는 마음이 없으면 일을 해도 제대로 된 성과를 거둘 수가 없다는 이야기다.

그래서 그는 사업을 할 때도 이것저것 자꾸 찾아보고 인터넷 검색도 많이 한다. 이런 적극적인 사고방식을 잘 보여주는 사례가 자신이 경영하던 크라운제과보다 덩치가 큰 국내 최초의 제과회사인 해태제과를 인수한 것이다. 2005년 당시 크라운은 제과업계 4위였고 해태는 업계 2위였다. 해태의 매출액은 크라운의 세 배에 달했다. 크라운이 해태를 인수하자 매스컴에서는 '새우가 고래를 집어삼켰다'고 했다.

그런데 윤 회장은 회사의 몸집을 불리려던 게 아니었다. 생존하기 위한 몸부림이었다. 4위, 5위 업체가 시장에서 살아남는 분야는 이제 없다는 것이 그의 생각이다. 1등도 변화에 적응하지 못하면 퇴출되는 시대다. 동물의 왕국도 마찬가지다. '백수百獸의 왕' 사자와 호랑이가 멸종위기에 처해 있지 않은가.

이래도 죽을 수 있고 저래도 죽을 수 있다면 과감하게 살길을 모색해야 한다. 기업은 지속가능해야 살아남는다. 기업의 지속가능성이란 사람으로 치면 건강 같은 것이다. 건강을 잃으면 모든 것을 잃게 마련이다. 기업은 어떻게든 환경 변화에 적응해 존속해야 한다.

글로벌 시대에는 기업도 덩치가 너무 작으면 먹힌다. 반면 너무 커지면 행동이 둔해진다. 너무 강하면 부러지기도 한다. 기업에 관한 그의 이런 생각은 확고했다. 결국 해태를 인수한 것은 '신의 한 수'였다.

당시 피인수기업인 해태 측은 투자만 하고 경영에는 참여하지 않을 인수자를 찾았다. 크라운제과는 그런 후보가 아니었다. 더욱이 크라운은 부도 후 화의和議, 기업이 파산·부도 위험에 직면했을 때 법원의 중재로 채권자들과 채무변제협정을 체결해 파산을 피하는 제도 상태였다. 피인수 측은 크라운제과를 화의 중인 회사라는 이유로 배제하려고 했다. 하지만 크라운은 당시 화의에서 벗어날 요건을 충족한 상태였다. 법원에서 빨리 종결하라고 하는데 윤 회장이 화의 종료 안 하고도 회사가 잘 굴러가 미루고 있었다. 그는 그날로 화의를 종료하고 해태 인수계약을 맺었다.

인수계약을 하는 날, 윤 회장은 회사의 모든 임원과 부장들을 이끌고 동북아 최고봉인 대만의 옥산玉山에 올랐다. 그날 금문고량주를 정신을 잃을 만큼 많이 마셨다. 간부들의 사기도 충천했다. 그는 "높은 산에 오르면 사해를 두루 멀리 볼 수 있다登高山而望士海"고 말했다.

"사해에 대한 시야는 그런 고산에 오르지 않고는 확보할 수가 없어요.

기업 하는 사람은 물론이고 모름지기 사람은 고지를 탐해야 합니다."

그에 앞서 크라운제과가 부도를 맞았을 때 그는 있는 돈으로 은행 빚을 갚거나 직원들 봉급으로 지급하지 않았다. 그 돈을 정해진 절차대로 물건값으로 치렀다. "자금회전이 안 돼 현금흐름에 문제가 생겼지만, 크라운제과가 존속해서 미래에 창출할 가치가 청산가치보다 크다"고 채권단을 설득했다. 크라운제과를 죽이지 말고 살려서 차차 빚을 갚게 해달라고 매달렸다. 사실 자동차에 비유하면 안개가 자욱한 산길을 달리다 벽을 들이받고 차가 멈춰선 격이었다. 다시 시동을 걸면 빠져나올 수 있는 상황이었다. 협상의 기술보다 솔직함, 진정성 있게 설득하는 그의 열정이 주효했다. 결국 크라운제과는 재기에 성공했다.

## ◼ 과자에도 감성을 입혀야 팔린다

윤 회장의 트레이드마크는 아트 경영이다. 아트 경영이란 생래적으로 아름다움을 추구하는 인간의 본성을 터치하는 경영관이다. 그는 아트 경영이 경영의 유연성을 높여준다고 믿는다.

"흔히 고객의 니즈needs와 원츠wants를 얘기하는데 '하우how'도 중요합니다. 메이저 과자 업체 간에는 기술, 설비, 마케팅, 연구개발 능력은 물론이고 이제 품질 차이도 없습니다. 그래서 과자에 예술을 입히려는 겁니다. 갈 길이 멀지만 아트로 제품을 차별화하려는 거죠."

과자에 예술을 입혀 제품을 차별화하려면 무엇보다도 직원들의 AQArtistic Quotient, 예술감성지수를 높여야 했다. 그는 예술 전문가에게 과자를 가르치는 것보다 직원들에게 예술을 가르쳐 반半예술가로 만드는 게 더 빠르겠다고 판단했다. 이 같은 판단에 따라 그는 해태제과 인수 후 AQ모닝아카데미를 개설했다. 말하자면 두 회사 직원을 '동문수학'시킨 것이다. 윤 회장은 이제 직원들과 만나도 어느 쪽 회사 직원인지 구분을 못한다고 했다. 두 회사 구성원들을 화학적으로 결합시키는 데 성공한 것이다.

2004년 12월 문을 연 AQ모닝아카데미 강좌는 300회를 넘겨 순항 중이다. 그는 신달자 시인, 도종환 시인 등에게 시詩에 대한 강의를 맡기고 직원들에게 시를 쓰게 했다. 그렇게 구성원들이 쓴 시가 2013년에 『달콤한 운명을 만나다』라는 시집으로 나왔다. 시집의 판권 페이지를 보면 지은이가 '제과 전문 그룹 크라운해태 직원'이라고 돼 있다. 시인이 된 직원들은 말솜씨가 한결 좋아지고 아이디어도 풍부해졌다. 회사의 광고 카피도 달라졌다.

윤 회장은 아트 경영이 기업의 생존에 필수적인 요소라고 말한다. 업종 불문하고 미美를 추구하지 않으면 제품과 서비스가 팔리지 않는 시대라는 것이다.

"에르메스 넥타이가 원단이 비싸서 잘 팔리나요? 예술적 감각, 색감, 질감, 느낌의 차이예요. 식당도 파는 음식을 접시에 예쁘게 담아야 손님이 많이 찾게 마련이죠."

그는 아트 경영의 예로 크라운제과가 만드는 '쿠크다스'를 첫손에 꼽는다. 쿠크다스는 원래 직사각형의 밋밋한 과자였다. 이 과자에 초콜릿으로 S라인을 그려 넣자 매출이 올라갔다. 산은 가늘게, 골은 굵게 그려 라인을 변주하자 다시 매출이 급등했다. 동남아 등 해외 시장에서도 같은 효과가 나타났다. 과자의 원가와 맛이 달라진 것은 아니었다. 그저 쿠크다스에 초콜릿 라인을 그려 넣은 아트 경영으로 고객의 감성을 건드렸을 뿐이었다. 해태제과가 내놓은 대박상품 '허니버터칩'의 개발 과정도 마찬가지로 발상의 바탕에 아트 경영이 깔려 있다.

윤 회장은 요즘 먹을수록 예뻐지고 몸도 건강해지는 과자를 만들기 위해 직원들과 연구 중이다. 과자를 건강기본식품으로 만들려는 것이다. 쿠크다스에 S라인을 그려 넣는 기계를 개발하는 데 시간이 걸린 것처럼 상당한 시간이 필요할지도 모른다. 하지만 가능성은 있다. 이 가능성을 믿고서 시인적 감수성을 지닌 직원들과 매달리면 언젠가는 해내고 말 거라고 그 역시 믿는다.

중국 전국시대戰國時代 사상가 한비韓非는 "상군上君은 진인능盡人能한
다"고 했다. 뛰어난 리더는 다른 사람들로 하여금 재능을 다 발휘하
게 한다는 뜻이다. 윤 회장은 "최고의 리더는 구성원의 잠재력을 극
대화하는 사람"이라고 말했다.

그는 구성원들이 회사 업무를 자기 일처럼 만족하고 즐기게 만들
어야 한다고 생각한다. 오너 경영인이지만 구성원들이 그렇게 받아
들이도록 이모저모 애쓴다. 기업의 성패가 이런 기업문화를 가꾸는
데 달렸다고 믿기 때문이다.

# 숨겨둔 꿀단지처럼
# 고객을 대하라

;

피할 수 없으면 즐겨라.

◆ **로버트 엘리어트**Robert Eliot, **『스트레스에서 건강으로**From Stress to Strength』 **중에서** ◆

고영섭 오리콤 사장은 국내에서 가장 오래된 종합광고회사의 장수 CEO다. AEAccount Executive, 고객사와 소통해 광고 또는 홍보 계획을 세우고 관련 업무를 지휘하는 사람 출신인 그는 15년째 오리콤 대표이사를 맡고 있다. 광고대 행사 AE는 기획과 영업 두 가지 일을 한다. 영업을 하다보면 어쩔 수 없이 악성 클라이언트, 이른바 진상 고객과 맞닥뜨리게 된다.

　고 사장이 처음 팀장을 맡았을 때의 일이다. 광고업계에서 기피하 던 악명 높은 인사 A를 클라이언트로 만났다. 그 시절 A와 상대하는 게 부담스러워 회사를 옮긴 사람도 있었다. 그는 우선 A와 인간적으 로 가까워져야겠다고 생각했다. 그래서 어느 일요일, 가족을 차에 태우고 클라이언트의 집을 찾았다. 지나는 길에 들렀다는 그를 A의 부인이 따뜻하게 맞아주었다. 이렇게 가족끼리 서로 왕래하게 되자 A도 나중엔 그를 친동생처럼 대했다.

집에서 키우는 반려견도 자기를 예뻐하는 사람을 알아본다. 누군가와 좋은 관계를 맺고 싶으면 실제로 좋아하려 노력할 필요가 있다. 친한 척하는 자기연출엔 아무래도 한계가 있기 때문이다. 그는 부담스러운 고객들을 이런 식으로 친구 혹은 우호적인 동행자로 만들었다.

까칠한 클라이언트의 자발적인 팬이 되기로 작정한 계기는 "피할 수 없으면 즐겨라"라는 문장을 접하고서부터다. 이 말은 미국의 심장전문의 로버트 엘리어트가 쓴 책 『스트레스에서 건강으로 : 마음의 짐을 덜고 건강한 삶을 사는 법』에 나온다. 아예 무시하거나 맞서 싸울 수는 없고, 그렇다고 피할 수도 없다면 시간의 흐름에 몸을 맡기는 것이 현명한 선택일지도 모른다.

"작심하고서 그분들의 장점을 찾아내고, 진정으로 좋아하는 마음을 품은 채 그들에게 빠져들다보니 일도 순조롭게 풀리더라고요. 업무를 노동이라고 생각하는 사람과 게임하듯 즐기는 사람은 생산성에서도 격차가 납니다. 이 문장은 하나의 카피로서도 매력적입니다. 상식을 뒤엎는 의외성이랄까, 반전의 묘미가 있어 광고 카피로도 손색이 없어요."

# ■ 최고의 평판은 긍정 마인드에서 나온다

개그맨 박명수는 "피할 수 없으면 즐겨라"란 말을 한 번 비틀어 "즐길 수 없으면 피하라"란 경구를 남겼다. 때로는 그 편이 행복해지는 길인지도 모른다. 그러나 피해야 할 대상이 클라이언트나 상사라면 이야기가 다르다. 일상적으로 상대해야 하는 사람이 진상이라고 무작정 이직하는 건 하수나 하는 일이다. 그보다는 악당에 대한 내성을 길러야 한다. 직장을 옮겼다가 어쩌면 더한 갑질을 새 직장에서 당하게 될 수도 있다.

고 사장은 고교 시절 아버지가 하던 사업이 망해 어렵게 공부했다. 장학금을 못 타면 학교 다닐 길이 막막해 열심히 공부할 수밖에 없었다. 엎친 데 덮친 격으로 대학을 졸업하던 해에 그는 부모상, 결혼과 취업, 군입대를 한꺼번에 겪었다. 동갑내기 아내가 그런 그에게 버팀목이 돼주었다.

최악의 상황이나 불편한 관계에서 벗어나는 돌파구는 결국 타고난 낙천성이었다. 한창 일선에서 뛰던 시절 그는 클라이언트를 접대하는 자리에서 몸을 사리지 않고 즐겁게 놀았다. 그런 그에게 중학교 교사인 부인이 "만날 회사에 놀러가는 사람 같다"고 말했다고 한다.

"회사에 꿀단지를 숨겨놓기라도 한 듯이 일하자, 회사에 애인이 있다고 치자, 이렇게 자기암시를 하면서 눈앞 현실의 긍정적인 면을 보고 스스로 훈련하면 직장생활이 달라집니다."

그는 자신의 이런 사회생활 노하우를 오리콤 사내신문에 칼럼으로
실은 일이 있다. 사회에 첫발을 내디딘 아들에게 들려준 이야기였다.

"첫째, 출근시간을 30분 앞당기면 성실하다는 평판을 얻을 수 있습니
다. 둘째, 윗사람을 자꾸 귀찮게 하면 일을 제대로 할 수 있습니다. 업
무처리 과정에서 지시한 사람에게 수시로 의견을 구해야 합니다. 그러
면 헛다리를 짚지 않고, 윗사람과 과정을 공유함으로써 질책보다 이해
를 받게 되죠. 마지막으로 웃는 얼굴로 인사하고, 사소한 호의에도 감
사의 마음을 표현하면 누구에게나 사랑받습니다."

## ■ 반짝이는 아이디어는 어디에든 있다

광고는 어떻게든 소비자를 움직이려 든다. 지갑을 열게 하든, 고객
에게 입력된 자사와 자사 제품의 이미지를 좋게 만들든, 하다못해 머
릿속 생각이라도 바꿔놓고 싶어 한다. 소비자의 마음이 움직이게 만
드는 게 말하자면 광고의 본질이다.

그런데 광고 환경이 최근 몇 년 사이에 급변했다. 소비자가 광고를
접하는 경로도 달라졌다. 요즘 사람들은 스마트폰 알람에 눈을 뜨고,

스마트폰을 검색해 정보를 얻고, 스마트폰 메시지로 전달된 유튜브 동영상을 보면서 하루를 시작한다. 심지어 스마트폰으로 접한 자료를 페이스북, 트위터 등 SNS를 통해 자발적으로 전파해 소비자가 확대재생산하는 시대다. 이런 동향을 꿰뚫은 광고주들도 타깃 소비자에 맞춘 마케팅 기법을 광고회사에 요구해왔다.

고 사장은 이런 시대 변화에 발맞춰 2014년 오리콤의 전 조직을 '통합마케팅커뮤니케이션IMC 아이디어 집단'으로 전환했다. 전통적인 4대 매체TV·신문·잡지·라디오 조직을 없애고, IMC총괄본부를 만들어 부서별로 나뉘어 있던 기능을 통합한 것이다. 과거엔 기획 부서가 광고주의 요구에 따라 전략을 세웠고, 이를 실행할 아이디어의 발상은 전적으로 제작크리에이티브 부서 몫이었다. 그는 이 같은 구조를 누구나 반짝이는 아이디어를 내기만 하면 채택될 수 있도록 바꿨다.

"과거엔 아이디어는 많지만 다른 부서 출신이라 제약이 있던 '신데렐라' 지망생들이 크리에이티브 주변을 기웃거렸습니다. 그러다가 위에서 '당신이 한번 해봐' 그러면 드물게 일을 맡았죠. 운 좋게 성과가 잘 나오면 예외적으로 크리에이티브디렉터CD가 됐고요. 하지만 이십 대 신데렐라는 다양한 경험과 기술이 요구되는 광고회사의 속성상 나오기가 쉽지 않아요."

오리콤은 관리나 지원 부서를 포함해 어느 부서에서든 신데렐라가

탄생할 수 있도록 회사가 나서 카펫 자락을 깔아줬다. 현대자동차그룹 '기프트카 캠페인', 대한항공 '내가 사랑한 유럽 TOP 10', 책으로도 나온 SKT '현대생활백서' 등이 이런 정책 전환의 결과물이다.

"예전에는 글발 좋고 그림 예쁘게 그리는 사람이 떴다면, 국물에 넣을 건더기를 만들어내는 콘텐츠 크리에이터가 득세하는 시대가 됐죠. 광고회사도 변하지 않을 수가 없어요. 요즘 소비자들은 매스미디어용으로 고안된 광고 메시지, 브랜드 스토리 중심의 제작방식에 더 이상 관심도, 신뢰도 보이지 않기 때문입니다."

광고회사의 경쟁 상대는 더 이상 같은 업종의 다른 회사들이 아니다. 크리에이티비티를 할 수 있는 모든 업종의 서비스·제조업체가 라이벌이다. 바뀐 소비자들을 상대하려면 마케팅도 커뮤니케이션도 통합적인 접근을 해야 한다.
이런 시대 광고회사의 리더는 어떤 자질을 갖춰야 할까?

"채 다듬어지지는 않았지만 씨앗이 될 만한 아이디어를 낼 수 있고, 남이 낸 아이디어 씨앗의 가치를 꿰뚫어보는 안목이 있어야 합니다. 남이 착안한 아이디어를 다듬고 살을 붙이는 능력도 필요하죠."

그는 신세대 직원들과 소통하기 위해 뜨는 아이돌그룹 멤버와 노래 이름을 외운다. KBS TV 인기 코미디 프로그램인 〈개그콘서트〉를 빼놓지 않고 시청하고 몇 가지 코너는 연기를 직접 따라 해본다. 대박이 난 드라마는 재방송을 보고라도 스토리라인과 등장인물을 입력해둔다. "신세대가 좋아하는 노래, 드라마, 영화, 놀이를 직접 경험해보면 자연스럽게 그들만의 언어, 취향, 트렌드를 이해할 수 있다"는 게 그의 지론이다.

# 정직하게 사니 돈도
# 잘 벌더라

;

세상을 가장 쉽게 사는 방법은 정직하게 사는 것이다.

◆ 윤윤수 회장이 호머 알티스 전 휠라 미국법인 사장에게 들은 조언 ◆

윤윤수 휠라코리아 회장은 이 회사의 월급쟁이 사장이었다. 그 시절 『내가 연봉 18억 원을 받는 이유』란 책을 냈다. 20년도 더 지난 일이다. 그는 2005년 휠라코리아의 오너로 변신한다. 그 과정에서 경영자매수Management Buyout·MBO, 기업을 매각할 때 그 기업 경영진이 기업의 전부 또는 일부를 인수해 새로운 법인으로 독립하는 기업 구조조정 방법 기법을 활용했다. 그로부터 2년 만에 차입매수Leveraged Buyout·LBO, 사들이려는 기업의 자산을 담보로 금융회사에서 빌린 자금을 이용해 기업을 인수하는 방법 방식으로 글로벌 스포츠 브랜드인 휠라 본사를 인수한다. 한국인이 이탈리아산 브랜드 휠라의 오너가 된 것이다. 이로써 그는 명실상부한 '샐러리맨의 신화'가 됐다.

휠라 본사 인수 후 휠라 미국법인을 방문했을 때 윤 회장은 "내가 새로운 오너"라는 말로 짧은 연설을 시작했다. 연설을 마친 후 이동하는데 창고에서 일하는 한 흑인 청년이 그의 손목을 잡고 질문했다. "진 윤Gene Yoon, 윤 회장의 영어 이름, 어떻게 하면 당신처럼 될 수 있죠? 한마디만 해주세요!" 그 청년에게는 한국 지사 사장으로 시작해 본사 오너가 된 그가 역할모델이었을 것이다. 윤 회장은 청년에게 이렇게 말해줬다.

"우선 정직해야 합니다. 성실히 일하세요. 참을 줄도 알아야 합니다. 이 원칙을 지키면 당신도 나처럼 될 수 있습니다. 물론 보장은 못해요. 행운도 따라야 하니까요. 그건 사람이 아니라 하나님 소관이죠. 결국 정직, 성실, 인내를 실천하고 기다리는 수밖에 없어요. 이 세 가지를 실천할 때 행운도 잡을 수 있습니다."

## ■ 소리 없이 쌓인 신뢰가 보상으로 돌아온다

꼬리가 몸통을 삼킨 기업인수합병M&A의 주인공, 윤 회장의 인생 문장은 "세상을 가장 쉽게 사는 방법은 정직하게 사는 것"이다. 어떤 사람들은 피도 눈물도 없는 게 M&A의 세계라고 하지만, 정직하게 임하는 게 얼마나 중요한지 그에게 몸으로 가르쳐준 사람은 고故 호머 알티스 전 휠라 미국법인 사장이다.

"휠라의 북미지역 라이선스 사업자licensee로 저와 고락을 함께한 호머 알티스가 오래전 '세상을 가장 쉽게 살아가는 방법이 뭔지 아느냐고 물었습니다. 그는 '정직하게 사는 것'이라고 자문자답하더군요. 아무 것도 감추지 않고 사람들에게 있는 그대로 이야기하는 게 쉽게 사는 길이라는 거죠. 그와 10년 이상 같이 일했는데, 그는 진짜 그렇게 살았고 큰돈을 벌었습니다."

윤 회장과 알티스는 상생 관계였다. 휠라는 본래 스포츠의류회사다. 그는 알티스와 신발 공급 에이전트 계약을 맺으면서 "평생 만져보지 못한 돈을 벌게 해주겠다"고 호언했고 그 약속을 지켰다. 재정 파트너로 쌍용을 끌어들이고 한국의 신발 제조업체로부터 휠라 로고를 붙인 신발을 OEM으로 공급받은 것이 주효했다. 과거 신발산업 메커니즘을 몰라 빚더미에 올라앉았던 알티스는 그와 손잡은 덕에 위기에서 벗어나 큰돈을 벌었다. 구세주를 만난 것이나 다름없었다.

윤 회장도 알티스 덕에 40여 명의 직원과 회사를 꾸렸다. 돈을 많이 벌진 못했다. 일은 그가 다 하다시피 했지만 휠라의 미국 라이선시는 그보다 한 달 전 휠라 본사와 라이선스 계약을 맺은 알티스였기 때문이다. 휠라 브랜드로 한국에서 신발을 만들어 미국 시장에 파는 아이디어는 윤 회장의 머릿속에도 있었다. 한발 늦은 탓에 남 좋은 일을 했어도 그는 성실하게 일했다. 그렇게 묵묵히 일하는 동안 서로에 대한 신뢰가 쌓였다.

그 후 미국 시장에서 휠라의 신발사업 규모가 본업인 의류사업을 앞질렀다. 그러자 휠라 본사가 역逆로열티를 주고 알티스에게서 미국 내 사업권을 되사는 일이 벌어졌다. 휠라 사업에서 손을 뗀 알티스는 1991년 휠라코리아가 출범할 때 본사 측에 윤 회장을 '100만 달러 이상 연봉을 지급할 가치가 있는 인물'이라며 사장으로 추천한다. 알티스가 한 말이 결정적인 영향을 미쳐 당시 윤 회장의 연봉은 100만 달러로 책정됐다. 같이 일하는 동안엔 제대로 보상해주지 않았지만 헤어지면서 그를 위해 한몫 톡톡히 한 셈이다.


## ■ 원칙을 중시하는 경영이 글로벌 무대의 성공비결

윤 회장은 글로벌 휠라를 인수한 후엔 각국의 라이선시와 상생하는 정책을 썼다. 로열티의 절반을 선불로 받고 라이선시와의 계약을 장기로 전환하는 선先로열티 전략을 구사했다. 갑이 을을 모시는 역발상 경영은 그가 라이선시 출신이기에 가능한 일이었다. 3년 만에 투자자들에게 약속한 대로 기업공개Initial Public Offering·IPO도 했다. 과거 엔리코 프레시 전 휠라 회장은 "휠라의 고향은 이탈리아지만 성장은 한국에서 했다"고 평가했다.

세계를 놀라게 한 그라고 해서 늘 승승장구하기만 한 건 아니다. 윤 회장 스스로도 자신이 살아온 이야기의 절반은 실패담이라고 말한다. 50% 확률의 성공 기회를 잡은 셈이다.

그가 미국 유통 업체 JC페니J. C. Penney에서 수완을 발휘해 신발 메이커 화승에 최연소 이사로 스카우트됐을 때의 일이다. 스티븐 스필버그 감독의 영화 〈E.T.〉가 세계적인 흥행 돌풍을 일으켰다. 발 빠르게 E.T. 인형 10만 개를 만들어 미국행 배에 선적했다. 하지만 이 수출 건으로 그는 회사에 60만 달러의 손실을 입혔다. 저작권법에 무지했던 탓이다. 결국 한 개도 못 팔고 자의 반 타의 반 회사를 떠나야 했다.

대학 갈 땐 삼수를 했다. 그러고도 서울의대 진학의 꿈은 접어야 했다. 판검사 지망생이었던 그가 이과로 전향한 건 폐암 투병을 했던 아버지가 병상에서 살려달라고 그에게 매달렸기 때문이었다. 아버지는 서울고 2학년 때 세상을 떠났다. 그는 자신이 고교 졸업 후 바로 서울의대에 붙었다면 별 볼 일 없는 교만한 인간이 됐을 거라고 말했다. 군 복무 후엔 외무고시에 도전했지만 2차 시험을 포기했다. 그때 외시를 같이 본 여섯 살 아래 동학들 중에서는 독일·이탈리아 대사도 나왔다. 지금은 다들 은퇴해 놀고 있다.

윤 회장은 CEO들에게 "남이 거둔 성공전략을 벤치마킹하기보다 자신의 경험에서 성공전략을 도출해보라"고 권했다. 성공한 기업의 창의적이고 혁신적인 전략도 한번 햇볕을 보고 나면 생명력이 시들

게 마련이라고 주장했다. 전략을 실행에 옮길 주체와 비즈니스 환경이 최초로 전략이 들어맞았을 때와는 다르다는 것이다.

그가 글로벌 무대에서 브랜드 비즈니스에 성공한 비결은 '원칙을 중시하는 경영'이었다. 브랜드 비즈니스는 원칙이 무너지면 브랜드 자체가 붕괴하고 만다. 원칙을 지키는 것 자체가 곧 브랜드 비즈니스라고도 할 수 있다.

젊은 세대에게는 "외국어를 열심히 하라"고 권한다.

"네덜란드·벨기에·스위스 등도 국토 면적은 우리나라만 합니다. 이렇게 작은 나라인데 국민소득은 3만 달러 이상이에요. 이들 나라 국민의 공통점이 독일어·프랑스어·영어를 유창하게 한다는 겁니다. 생존전략으로 외국어 습득을 택한 겁니다. 우리나라 젊은이들도 글로벌 비즈니스를 하려면 영어는 물론 중국어와 일어에도 능숙해져야 합니다."

휠라는 한국인이 오너지만 국가대표팀을 지원할 땐 브랜드의 고향인 이탈리아 팀을 후원한다. 그래야 휠라라는 브랜드 비즈니스를 지속적으로 할 수 있기 때문이다. 휠라 본사 인수 후 윤 회장은 글로벌 넘버원 골프공 브랜드 타이틀리스트Titleist, 골프화 브랜드 풋조이FJ를 만드는 아쿠쉬네트Acushnet를 12억여 달러에 인수했다. 글로벌 무대를 누비느라 그가 비행기로 이동한 거리는 700만 마일에 이른다.

# 인생도 사업도 초심을
# 잃지 마라

;

신종여시 즉무패사慎從如始 則無敗事.

◆ 중국 춘추시대 철학가 노자老子의 『도덕경道德經』에 나오는 글귀 ◆

한경희 사장이 창업한 한경희생활과학은 국내 1호 생활가전 전문 기업이다. 이 회사는 상호·제품명과 CEO의 브랜드가 일치한다. '한경희'를 제품명에 쓰자고 제안한 사람은 그의 남편고남석 한경희생활과학 회장이었다.

창업 초기 국내 최초로 한국형 스팀청소기를 '스티미'라는 브랜드로 출시하자 유사품이 쏟아져 나왔다. 광고할 돈은 없고 차별화할 방법이 마땅치 않았다. 국내 최초로 제대로 만든 제품이라는 사실을 알리려 2002년 2세대 제품을 출시하면서 CEO의 이름을 붙였다. 미국 시장에서도 'HAAN'이란 브랜드로 팔린다.

사람은 잘나가면 올챙이 시절을 잊기 쉽다. 그러다보면 초심도 잃어버린다. 한 사장이 고른 인생 좌우명은 "초심을 잃지 말라"이다. 그는 이 말이 평상심을 유지하게 해준다고 말했다.

"우리 회사의 초심은 고객, 특히 여성 고객의 삶의 질을 높이는 데 이바지하겠다는 다짐입니다. 모든 세상사엔 처음이 있어요. 결혼했을 때, 아이를 가졌을 때도 초심을 품게 마련이죠. 저는 인생에서 가정이 가장 소중하다고 생각해요. 그래서 아무리 바빠도 가정과 일의 균형을 유지하겠다는 초심을 잃지 않으려 합니다."

한 사장은 2004년 스팀청소기가 잘 팔리기 시작할 무렵 "처음 시작할 때처럼 신중하게 끝맺으면 일을 망치는 법이 없다愼終如始 則無敗事"는 노자의 말을 접했다. 비즈니스뿐 아니라 자연인으로서의 삶에도 이 경구를 적용하고 있다고 말했다.

"두 아들을 출산했을 당시의 느낌이 지금도 또렷해요. 엄마가 되는 것은 세상이 달라지는 경험이죠. 엄마로서의 초심은 아이들에게 최선을 다하고 항상 아이들 눈높이에 맞추겠다는 것이었어요. 그래서 두 아이가 중학생일 때까지 만날 입 맞추고, 레슬링도 하고 그랬죠."

## ■ 프로슈머 마인드가 '한경희' 브랜드의 힘

한경희생활과학에서 처음 출시한 스팀청소기는 그때까지 이 세상에 없는 제품이었다. 직장 일과 가사를 병행해야 했던 한 사장 자신이 곧 프로슈머prosumer, 소비는 물론 제품개발과 유통 과정에까지 직접 참여하는 '생산적 소비자'였다. 시댁과 친정 집까지 담보로 잡힌 끝에 그가 스팀제품이라는 시장을 창출하자 수요가 폭주했다. 대금 지급을 미루면서 물건을 계속 대달라는 사람에게서 도끼로 협박을 당하기도 했다. 회사 차원에서도, 개인적으로도 기고만장할 수 있는 상황이었다. 그때 그는 초심이라는 말을 마음속에 각인했다.

"현실에 안주하지 않고 늘 새로운 제품에 도전하겠다는 것도 저의 초심이었습니다. 독보적인 주방용 물 살균기, 화장품 등도 출시한 지 얼마 안 돼 자리를 잡았죠. '한경희'가 왜 미용제품을 만드느냐고 생각할 수도 있지만 기존 고객이 필요로 하고 고객의 삶의 질을 높이는 제품이면 우리 회사는 뭐든 개발합니다. 우리의 기기 노하우를 활용한 미용제품에 대해 처음엔 뜻밖이라고 했던 많은 분이 나중엔 한경희만 할 수 있는 일, 당연히 한경희가 할 일이라고 했습니다. 돈을 밝히기보다 사회에 도움이 되는 사업을 하겠다는 것도 저의 초심이죠. 젊은 세대라면 중·고등학교 사춘기 시절의 초심, 그때 품었던 야망을 잃지 말아야 합니다. 한 인간으로서 이룩해보겠다고 마음먹었던 그 무엇을 향해 끝까지 도전하는 겁니다. 의지를 잃지 않고 자기와의 싸움을 벌이다보면 어느 날 가시적인 성과를 손에 쥘 수 있을 거예요."

한 사장은 창업 전 국제올림픽위원회와 미국 회사에 근무했다. 그후 교육부 5급 사무관으로 일하다 스팀청소기회사를 창업했다. 걸레질이 힘들었던 맞벌이 주부가 대한민국 주부들을 걸레질에서 해방하겠다고 나선 것이다. 창업 후 5년은 많이 힘들었다. 3년 동안 매달려 야심차게 개발한 제품을 유통망이 없어 못 팔았다. 그러나 제품력은 뛰어났기에 차츰 입소문이 나기 시작했다. 국내시장 성공을 바탕으로 미국 시장에도 진출했다.

마케팅 전문가들은 '한경희'의 브랜드가치를 1조 원가량으로 평가한다. 브랜드가치 면에서 삼성, LG, 웅진, 동양매직 같은 대기업에도 밀리지 않는다. 한경희 브랜드는 디자인적으로 간결하고 로고의 가독성도 높다. 이만한 브랜드파워를 구축한 건 신뢰받는 제품, 신뢰할 만한 기업을 지향해온 그의 집념 덕이라고 할 수 있다. 비결이 무엇일까?

브랜드는 하나의 유기체로, 사람처럼 태어나 성장과 성숙의 과정을 거친다고 할 수 있다. 한 사장은 "브랜드는 기업의 목표와 같이 가는 것"이라고 말했다.

"우리 회사는 설립 때부터 고객의 삶의 질을 높이는, 세상에 꼭 필요한 제품을 만든다는 목표가 있었습니다. 이런 목표 내지는 창업정신이 있었기에 이만큼 브랜드가치가 성장했다고 봅니다."

그는 "쿠쿠, 락앤락 같은 업체와 달리 한경희는 확장성이 아주 좋은 브랜드"라고 주장했다. 카테고리별로 제품 라인업을 구성할 땐 브랜드이미지와 맞는 것들을 고른다.

"끊임없는 혁신을 통해 최고의 제품을 내놓았습니다. 그 과정에서 고객, 특히 주부 등 여성 고객의 눈높이에 맞추려 의사결정 단계마다 소비자조사를 실시해 그 결과를 반영했습니다. 우리는 제품 아이디어가 나오면 과연 고객이 필요로 하고 실제로 해당 제품을 갖고 싶어 하는지 조사해 일정한 점수가 돼야 개발에 들어갑니다. 개발 단계에서 디자인·사양 등을 결정할 때 또 조사를 하고, 개발하고 나서도 피드백을 받습니다. 이 같은 과정을 거치면서 고객이 '이런 기능도 있으면 좋겠다'고 하면 추가하기도 하고요. 이런 일련의 프로세스가 품질경쟁력의 가장 큰 요인이라고 봐요."

소비자조사는 사실 신제품 개발 때 기본이다. 대기업들도 그렇게 하는 것이 당연하지만, 한 사장은 실제로는 꼭 그렇지만도 않다고 말했다. 다양한 성공의 경험이 내장된 탓인지 대기업들이 뜻밖에 공급자 마인드에서 자유롭지 못하다는 것이다.

"스스로 그 정도 노하우는 있다고 생각하는 것 같아요. 또 이런 과정을 거치면서 개발 일정이 지연되는 걸 원치 않을 겁니다. 고객가치를 우위에 두지 않으면 시스템을 갖춰도 막상 실행에 옮기기가 쉽지 않아요."

## ◼ 초심, 열심 후에 필요한 건 뒷심

한경희생활과학 사람들의 DNA에는 혁신이 새겨져 있다. 이 회사는 지속적인 혁신이 이루어지도록 여러 제도적 장치를 마련했다. 예를 들어 여러 부서 사람들이 한데 모여 프로젝트팀을 구성한 후 신제품과 생산성 향상 아이디어를 놓고 수평적인 대화를 하는 식이다. 연구개발R&D 인력의 비중이 크고 업계 최고 수준의 R&D 투자를 하는 것도 한경희생활과학의 남다른 전략이다.

그런데 2017년 한경희생활과학은 무리한 사업 확장, 해외투자 실패로 인한 자금난 등이 원인이 되어 위기를 맞았다. 핵심경쟁력을 잃은 것은 아니다. 그 와중에도 스팀청소기 등 일부 제품은 꾸준히 이익을 냈다. 위기를 통해 '이익이 나는 구조를 유지하지 못하면 흑자도산 할 가능성이 있다'는 레슨을 얻었다. 임직원이 절반 수준으로 줄었지만 2018년 3월 법정관리를 조기졸업 했다.

한 사장은 "스팀 기술의 강점을 살린 신제품 개발과 주방제품 업그레이드에 주력하고 유통망을 다각화할 것"이라며 초심으로 돌아가 과거의 영광을 재현하겠다고 밝혔다. 우선 스탠드형 초고압 스팀 다리미 '듀오스팀'을 선보였다. 세탁소에서 쓰는 압력식 다리미를 가정용으로 개발해 새로운 시장을 창출한 것이다. 그는 "고객만족도가 높아 200만 대 이상 팔릴 것으로 본다"고 말했다.

위기는 우리가 초심을 잃을 때 엄습하는 법이다. 초심을 잃어버리면 자칫 오만해지기 쉽다. 어쩌면 회사의 위기 극복도 여성 고객의 삶의 질을 높이는 데 이바지하겠다는 한경희의 초심에 달렸는지 모른다.

인생살이엔 세 가지 심지<sub>心志</sub>가 필요하다고 한다. 초심, 열심, 뒷심이다. 초심을 품고 열심히 살아온 그에게 지금 필요한 건 뒷심일 것이다.

# 진정한 경쟁자는
# 어제의 나일 뿐이다

;

하루하루를 인생의 마지막 날처럼 살아라.

◆ 미국의 교육학자, 레오 버스카글리아Leo Buscaglia의 말 ◆

아놀드홍짐의 아놀드 홍 대표는 흙수저를 자처한다. 중·고등학교 시절엔 성적도 형편없었다. 거의 전교 꼴등이었다. 고등학생 땐 비행청소년이었다. 고1 점심시간에 친구들과 학교 담장을 넘어 영화 〈뽕〉을 보러 갔다. 복합상영관이었는데 혼자 떨어져 화장실에 들렀다가 엉뚱한 상영관으로 들어갔다. 스크린에 비친 근육질의 외국인 남자가 눈길을 끌었다. 할리우드 스타 아놀드 슈워제네거가 연기한 '터미네이터'였다. 그날 그에게 처음으로 꿈이 생겼다. '나도 저런 몸을 만들어보고 싶다'는 꿈이었다. 그날로 아버지에게 돈을 타 체육관에 등록했다.

"저는 절대 어린 시절로 돌아가고 싶지 않아요. 주변에서 저더러 성공했다고 하는데, 하고 싶은 걸 최선을 다해 하다보니 여기까지 왔을 뿐이에요. 그 소망이 당시의 저로서는 절실했습니다. 이름이 좀 알려진 후로는 제 이름에 대한 책임감이 생겼어요. 지금도 하루하루 결과가 기대되는 삶을 살아요."

2004년 홍 대표는 아놀드 슈워제네거가 홍보대사를 맡은 외국계 글로벌 피트니스센터 '아놀드 월드 짐'으로부터 같이 일해보자는 제의를 받았다. 영어 이름이 필요하다고 해서 그날부터 아놀드 홍이 됐다. 2년 동안 주말부부로 지내면서 일에 매달려 아시아 매출액 1위를 달성했다. 아놀드홍짐은 현재 수도권과 부산에 총 23개 지점이 있다.

## ■ 운도 최선을 다하는 사람의 몫이다

홍 대표의 좌우명은 "최선을 다하고서 후회하지 말자"이다. 그는 "돌이켜보면, 최선을 다한 5등은 부끄럽지 않았지만 그러지 못한 1등은 부끄럽더라"고 말했다.

"보디빌딩 선수 시절 대회 준비를 열심히 안 하고서 1등을 한 적이 있습니다. 시상대에 섰는데 너무 부끄러웠어요. 그게 만일 제 마지막 경기였다면 사람들이 그때 모습으로 아놀드 홍을 기억하겠죠."

홍 대표가 현역에서 은퇴를 한 건 일부 선수들의 약물복용 때문이었다. 아무리 열심히 운동을 해도 약물을 복용한 선수를 따라잡을 수가 없었다. 2006년 은퇴경기 땐 2등을 했다. 1등을 한 선수가 도핑으로 선수자격을 박탈당하는 바람에 나중에 그의 순위가 1등으로 올라갔지만 시상식이 이미 끝난 후였다.

"한때 도핑의 유혹을 받기도 했지만 신앙인으로서 받아들일 수가 없었습니다. 진정한 경쟁자는 어제의 나일 뿐이죠. 결국 최선을 다하고서 결과가 어떻든 후회하지 않기로 마음먹었어요. 후회도, 미련도 최선을 다하지 않았을 때 닥칩니다."

그는 '최선은 후회를 낳지 않는다'는 삶의 원리는 CEO가 목표인 사람뿐 아니라 모든 사람에게 따르라고 권할 만한 것이라고 말했다. 자신은 "최선을 다해 오늘이 내 인생의 마지막 날인 듯 살고, 영원히 살기라도 할 것처럼 열심히 배운다"고 덧붙였다.

"운도 최선을 다하는 사람의 몫이에요. 물론 최선을 다한다고 해서 반드시 성공하는 건 아닙니다. 하지만 일출을 보려면 동쪽으로 가야지, 서쪽으로 가면 안 되잖아요. 속도보다 방향이 중요하다는 거죠. 인생은 또 '원웨이one way'가 아니라, 언제든 돌아올 수 있는 왕복 여행길 같은 거라고 봅니다. 다행히도 최선을 다해 올라야 할 인생의 봉우리가 하나만 있는 게 아니에요. 그런데 많은 사람이 몰리는 봉우리를 고르니 힘들 수밖에요. 개천에서 용 나기가 어려워졌지만, 그렇더라도 평생 오를 나만의 봉우리를 찾아야 합니다. 저 역시 트레이너라는 봉우리를 골랐을 뿐이에요."

최선이란 현실적으로 주어진 여건에서의 최대치다. 여건이 허락하는 범위에서 성과를 극대화하는 것이다. 여건이 좋다면 성과가 커질 것이고 나쁘면 작아질 것이다. 그래도 그게 최선인 만큼 받아들일 수 있다. 아니, 말 그대로 나로서는 최선이기에 받아들일 만하다. 그래서 결과에 연연하지 않을 수 있다.

과거 그가 대회를 앞두고 최선을 다했지만 2등을 했을 때의 일이다. 1등 한 선수보다 가슴근육이 더 좋았지만 하체가 상대적으로 부실했다. 자신의 약점을 분석해 보완한 후 2년 동안 8개 대회를 연속 석권했다.

홍 대표는 『아놀드 홍의 100일간의 몸짱약속』 등 네 권의 책을 냈다. 강연 부탁을 받으면 회당 강사료 300만~500만 원 받는 인기강사이기도 하다. 서울대·카이스트 등 명문대에서도 초청 강의를 했고 여러 대학에서 교수 자리를 제의받기도 했다. 정작 그의 최종 학력은 고졸이다.

# ■ 몸은 거짓말을 하지 않는다

2017년 4월 2일, 홍 대표는 11년 만에 선수로서 보디빌딩대회 무대에 섰다. '피지크physique'라는 새 종목에 대한 도전이었다. 그는 "최선을 다하는 한 실패란 없다"고 주장했다.

"아놀드홍짐 경영에 골몰하다보니 트레이너로서 존재감을 못 느끼겠더라고요. 나이 마흔여섯에도, 몸이 그리 멋지지는 않겠지만 할 수 있다는 걸 제자들과 많은 사람에게 보여주고 싶었습니다. 저로서는 최선을 다했고요."

그는 시합 전 보디빌딩 선수들이 몸 만들려 하는 다이어트를 일절 하지 않았다. 족발·보쌈·머릿고기 등 먹고 싶은 걸 다 먹었다고 말했다. 이 역시 그로서는 새로운 도전이다.

'국민건강 전도사'를 자처하는 홍 대표는 건강과 운동에 대한 사람들의 고정관념을 깨뜨리고 싶어 한다. 공복에 운동을 하면 근육량이 오히려 줄어든다는 생각, 건강보조식품에 대한 과신 같은 것들이다.

그는 4년째 공복에, 덤벨·바벨 같은 기구 없이 맨몸으로 운동을 한다. 피트니스센터에 가지 않고도 누구나 할 수 있는 푸시업, 턱걸이, 스쿼트 같은 운동이다. 보디빌딩 하는 다른 사람들처럼 과거엔 4~6끼를 먹었지만 지금은 하루 한 끼만 먹는다. 그래도 근육량이 늘었다.

어디까지가 최선일까? 그는 "힘들다"는 소리가 하루에도 여러 번 입에서 나와야 한다고 말했다.

"다이어트를 하는 중이라면 '배고프다' 소리가 입에서 저절로 나와야 합니다. 저는 배가 고프지 않으면 절대 음식을 먹지 않고, 배가 부르면 그때부터 먹지 않습니다. 26시간 만에 먹은 적도 있어요. 4년 동안 그렇게 살았는데 건강에 아무 문제없고, 오히려 역류성식도염이 나았습니다."

홍 대표는 세계적인 트레이너가 된 후 나이 일흔에 세계적인 '실버' 모델에 도전하겠다고 말했다. 고령사회 실버 패션을 주도해보고 싶다는 새로운 꿈이다.

이런 삶을 통해 그가 누리는 보상은 뭘까? 그는 아놀드 홍이란 이름을 세계에 알리는 평생 목표에 가까워질 수 있다고 말했다. 최종 미션은 그렇게 얻은 지명도를 수단으로 사람들, 특히 미래의 주역인 아이들에게 건강을 나눠주는 것이다.

# Chapter 4

## —— BALANCE ——

# 조화와 균형의
# 품격

# 성공보다 삶을
# 우선하라

;

사장실 아님.

◆ 구자홍 전 부회장의 부인이 안방 문에 적어놓은 경구 ◆

구자홍 전 동양자산운용 부회장은 행정고시 출신 관료였다. 경제기획원 산업3과장을 끝으로 공무원생활을 접고 동부그룹 임원으로 자리를 옮겼다. 쉽지 않은 결정이었다.

　동부그룹을 거쳐 동양그룹에 몸담은 후 아멕스카드를 인수해 동양카드 호를 막 출범시켰을 때였다. 나이 마흔의 초임 사장이었던 그가 어느 날 퇴근해 집에 오니 안방 문에 '사장실 아님'이라는 문구가 붙어 있었다. 흰 종이에 매직펜으로 이렇게 써 셀로판테이프로 고정해 놓았다. 붙인 자리가 문 안쪽이라 남이 볼 일도 없었다. 그는 박장대소했다. '아니, 그럼 여기가 내 집 안방이지, 설마 사장실이겠어?'

"인수 작업부터 오픈까지 석 달 만에 해치우느라 일이 많았습니다. 만날 귀가가 늦었죠. 막상 집에 와서도 회사 생각이 머리에서 떠나지 않는 날이 많았습니다. 그날도 피곤한 몸을 이끌고 집에 들어가 샤워를 하고 침대에 막 누웠는데, 닫아놓은 안방 문 안쪽에 이렇게 적혀 있는 거예요. 아내를 불러 저게 뭐냐고 물었죠."

부인 조선 여사에게서 그렇게 쓴 이유를 듣고서 그는 망치로 한 대 얻어맞은 기분이었다고 말했다. 조 여사의 설명은 이랬다. "집은 안식처고, 당신은 집에서는 사장이 아니라 가장이자 남편이고 아빠다." 굳이 '사장실 아님'이라고 써 붙인 이유로는 세 가지를 꼽았다. "첫째, 그렇게 자신을 혹사하면 건강을 해친다. 집에 와서는 회사 일 잊고 푹 쉬고 숙면을 취해라. 둘째, 아내와 아이들에게 사장 노릇하려 들지 마라. 나는 당신의 비서실장이 아니다. 셋째, 공무원 출신이라 권위주의적인 자세를 못 벗었는데 사장 되고 나서 오히려 더 심해졌다. 앞으로는 부드러운 리더십을 추구해라."

스스로를 혹사한 게 사실이었다. 밤늦도록 일했고, 퇴근 후엔 직원들 격려한다고 술자리를 만들어 대화하고 토론했다. 안방 문에 붙어 있던 '사장실 아님'이라는 문구는 그의 경영자 인생을 바꿔놓았다.

"제가 명색이 상대 출신 CEO인데 그날 경영의 문외한에게서 경영학 책에도 안 나오는 리더십 강의를 들었습니다. 회사 일은 집으로 가져

오지 말고, 집안 일은 회사에 들고 나가지 마라. 사장 노릇과 가족의 일원으로서 가장의 역할을 조화시키는 방법을 정곡을 찔러 지적한 거죠. 여성의 지혜랄까요? 그날 이후로 회사에 나와 있을 때도 가끔 '사장실 아님'이 생각났습니다. 집에 가면 잠자리에서 빛이 바래가는 문구를 보며 그날 하루를 반성했습니다."

## ■ 가정을 등진 사회적 성공은 무의미하다

미국의 정치경제학자 로버트 라이시Robert Reich는 『미래를 위한 약속I'll Be Short』을 저술했다. 젊은 날 로즈 장학금을 받아 영국 옥스퍼드대로 유학을 떠난 그는 배에서 같은 로즈 장학생이었던 빌 클린턴Bill Clinton과 운명적으로 만난다. 훗날 클린턴 1기 행정부의 노동부장관을 지낸 라이시는 이 책에서 아이들과 시간을 함께 보내기 위해 장관직을 사임했다고 밝혔다.

구 전 부회장 역시 "직장과 가족 중 택일해야 한다면 가족을 택하겠다"고 말했다. 가족을 등한시하는 사회적 성공은 아무런 의미가 없기 때문이다.

한국 사회에서 '회사인간'으로 살다보면 직장 일에 전념하느라 가정을 소홀히 하는 경우가 적지 않다. 그러다 돌이킬 수 없는 지경에 이르러 불행해지기도 한다. 눈을 감는 순간 '더 많은 시간을 직장에서 보냈어야 했다'고 후회하는 사람은 없다. 누구나 가족과 더 많은 시간을 보내지 못한 것을 뒤늦게 안타까워하게 마련이다.

샐러리맨이든 오너든 일과 가정을 조화시켜야 할 책임이 있는 건 마찬가지다. 이른바 '워라밸work and life balance, 일과 삶의 균형'이 중시되는 시대다. 사실 회사인간의 종결자인 CEO만큼 일과 가정의 양립이 위태로운 자리도 드물다.

구 전 부회장은 동양카드, 동양생명, 동양시스템즈, 한일합섬, 동양자산운용의 CEO를 지냈다. 2011년 말 마지막 직장인 동양자산운용에서 퇴직한 후 그는 한동안 부인을 스승님이라고 불렀다고 한다.

"집사람에게서 배우는 게 많아 선생님이라고 불렀더니 스승님으로 부르라고 하더라고요. 퇴직한 직후 아내는 저에게 은행부터 가자고 해서 계좌를 개설해주고 폰뱅킹 방법을 가르쳐줬어요. 그 뒤로 지인의 경조사에 못 가게 되면 폰뱅킹으로 부조를 합니다. 동 주민센터에서 일 보기, 지하철 탈 때 교통카드 태그하기 등도 아내에게서 배웠죠. 지식은 남자들이 많은지 몰라도 여자들이 더 지혜롭다는 생각을 합니다. 여성은 '리틀 빅 씽little big things', 사소하지만 중요한 일을 처리하는 데 달인이라고 할 수 있죠."

은퇴 후 아내와의 관계는 더 좋아졌다. 조선 여사는 갓 은퇴한 남편더러 "은퇴했다고 해서 밥 살 일 있을 때 안 사면 안 된다"고 귀띔했다. 아내의 조언에 따르다보니 점심 약속 자체는 줄었어도 점심 살 일은 오히려 늘어났다고 한다.

"남자가 은퇴하면 배우자와의 관계가 더 중요해집니다. 은퇴생활에 잘 적응 못하면 젖은 낙엽처럼 와이프에게 붙어 있게 되고, 그러다보면 부부 사이가 자칫 나빠질 수 있어요."


## ■ 일단 저질러야 무엇이든 얻을 수 있다

구 전 부회장은 전라북도 진안군에서 태어났다. 진안초등학교 시절 부모님을 2년 동안 졸라 5학년 때 전주에 있는 풍남초등학교로 전학했다. 스스로 선택한 단신 조기유학이다. 그 어린 나이에 '시골에서는 희망이 없다, 큰물로 나가야 한다'고 생각했다. 최초의 과감한 승부였다.

무엇 하나 거저 얻는 것은 없었다. 그는 자타가 공인하는 성공한 사람이다. 스펙도 좋다. 그러나 행정고시는 세 번 낙방했다. 네 번 만에야 결국 해냈다. 암중모색暗中摸索의 시간이었다. 그 시절의 낙담과 좌절, 죽을 것같이 힘들었던 경험은 그에게 생애 최고의 자산이 됐다.

"그 후 아무리 어려운 일이 닥쳐도 할 수 있다는 자신감이 생겼습니다. 이 또한 지나가리라! 아무리 힘든 시간도 결국 흘러가게 마련입니다. 참고 견디는 것 말고는 할 수 있는 게 없다면 그땐 그냥 참는 겁니다. 시간이라는 묘약이 문제를 해결해줄 때까지."

그는 나름대로 치열하게 살아온 세대로서 젊은 사람들에게 인생 경험을 나눠주는 일에서 보람을 느낀다고 말했다. 은퇴를 앞두고서는 젊은 세대를 위해 『일단 저질러 봐』란 책을 냈다. 이 책에 '청춘들이여! 실패해도 좋다, 지금이 기회다'라는 부제를 달았다.

"대충 해도 되는 일이란 없습니다. 일단 저지르고, 실패하면 털고 다시 일어나면 되는 거예요. 돌이켜보면 저는 일을 할 때 안 된다고 생각해본 적이 거의 없습니다. 안 되면 어떻게 하나 조바심 내고, 안 될 거라고 지레 위축되면 한 발짝도 앞으로 나아갈 수가 없어요. 과정상 고민을 하더라도 결정했으면 밀고 나가야죠."

사실 생의 고비마다 불도저처럼 밀어붙이는 결단력이 그의 트레이드마크였다. 다치지 않겠다, 조금도 손해 보지 않겠다, 100% 안전해야 한다고 못박아두면 아무것도 얻을 수 없다는 신념의 발로다.

그럼 행복한 인생이란 어떤 삶일까? 답은 의외로 소박하다. 그는 "자신이 하는 일에 만족하고 살아가는 삶"이라고 말했다.

"하고 싶은 일 하면서 궁핍하지 않게, 자존심 지키면서 살 수 있으면 더 바랄 게 없죠."

그에게 '진짜 자존심'이란 단순히 자신을 지키는 게 아니라 자신이 목표로 한 일에 올인 하는 것이다. 그런 믿음 덕분에 모든 것을 걸고 일단 저지를 수 있었다.

평생을 이어온 도전과 열정은 자기성찰로 이어졌다. 고희를 앞둔 그는 2018년에 낸 에세이 제목처럼 '나이가 주는 선물'을 얻었다. 그래서 책에 이렇게 썼다. '인생을 편안하고 즐겁게 여행하고 싶다면 전략서 같은 설계도보다는 마음한테 지지 않는 노력이 필요하다. 굳이 1등이 되어 앞서가려고 할 필요가 없다. 기꺼이 추월을 허용하고 그 뒤를 바짝 따라붙어 달려보라.'

# 서른엔 내 얼굴에
# 책임지리라

;

**사람은 마흔이 넘으면 자신의 얼굴에 책임을 져야 한다.**

◆ **미국 제16대 대통령 에이브러햄 링컨**Abraham Lincoln**의 말** ◆

조현정 비트컴퓨터 회장은 1983년 대학 3학년 때 이 회사를 창업해 이립而立을 갓 넘긴 무렵엔《아시안월스트리트저널》1면에 한국에서 기술기업 붐을 일으킨 청년사장boy president으로 대서특필됐다. 서른에 세계적인 언론으로부터 '난사람'이라는 공인을 받은 셈이다.

조 회장은 2017년 환갑을 넘겼지만 동안에 얼굴이 맑다. 고교 시절 스스로 다짐한 대로 나이 서른에 책임질 만한 얼굴이 된 덕이다.

"아버지가 돌아가신 후 가세가 기울어 중학교를 중퇴했고, 전자제품 기술자로 일하다 검정고시를 쳐 일반계 고등학교에 입학했습니다. 여전히 경제적으로 쪼들렸지만 '나 그렇게 못난 놈 아니다'란 걸 세상에 보여주고 싶었어요. 그렇게 절박했던 시절 읽은 링컨 대통령의 자서전에서 '나이 마흔이 넘으면 자신의 얼굴에 책임을 져야 한다'는 사십대 얼굴 책임론을 접했습니다. 빨리 뭔가 보여주고 싶은 마음에 이 이야기를 30세 얼굴 책임론으로 수정해 저 스스로에게 적용했죠."

고입 검정고시는 시험 83일을 앞두고 독학을 했다. 한여름 단열이 안 되는 벽돌집 골방에 틀어박혀 헌책방에서 구한 교재에 매달렸다. 엉덩이가 짓물러 방바닥에 앉을 수가 없었다. 베개 위에 앉아 엉덩이를 바닥에서 떨어뜨렸다. 그렇게 공부해 서울 용문고에 들어갔고 졸업 후 인하대 전자공학과에 진학했다.

창업 당시 단 1분의 시간도 낭비할 수 없었던 그는 온종일 일할 수 있는 공간을 찾다가 서울 청량리 맘모스호텔에 방을 잡았다. 여기서 그는 직원 두 명과 하루 17시간씩 일했다.

의료용 소프트웨어에 '몰입과 집중'을 한 결과 사업은 잘됐고, 생활이 나아지자 얼굴 망가질 일도 없었다. 돈에 집착하는 대신 '바닥'을 경험한 사람으로서 더 나은 환경에 감사하는 마음을 가졌기 때문이다. 무엇보다 자신이 하는 일이 모두에게 좋은 일이 되자 더 신나게 일할 수 있었다.

# ■ 치열하게 살되 당당하게 살아야 한다

서른의 얼굴에 책임을 지겠다는 전략적 목표를 이루기 위해 조 회장은 대학 시절 세 가지 전술을 고안해냈다. 평생 몸담을 분야에서 최고의 전문가가 되고, 그러기 위해 주어진 시간을 스스로 통제하는 한편, 그렇게 치열하게 살더라도 도덕성을 잃지는 않겠다는 것이 전술의 내용이다.

"대학 때 이미 일류 기술자 소리를 들었지만 '원 오브 뎀one of them'이었습니다. 그래서 당시로서는 전인미답前人未踏이었던 소프트웨어 분야를 선택했죠. 하루 반의 시간을 할애하는 것이 아까워 교회도 나가지 않았습니다. 신을 부정한 건 아닙니다만, 단 일분일초의 시간이라도 스스로 제어하겠다는 결심이었죠. 아침 일찍 교직원 통근버스를 타고 학교에 갔고, 밤늦게 다시 통근버스에 올랐습니다. 창업 후엔 세금을 제대로 납부하려 고객인 의사들의 반발을 무릅쓰고 예외 없이 세금계산서를 발행했어요."

그는 일찍이 의료정보 소프트웨어 개발에 주력했다. 당시만 해도 환자의 80% 이상이 일반 환자였고 병원은 진료비를 현금으로 받았다. 의사들의 소득이 잘 노출되지 않던 시절이었다. 일부 의사들이 비트의 프로그램을 내장한 컴퓨터를 구입하면서 세금계산서 받기를 꺼렸다. 그런 기대에 부응해 세금계산서를 안 끊었다면 그로서는 컴퓨터를 더 많이 팔았을 것이다.

자기 시간을 확보하려 그토록 애썼지만 한쪽 귀가 안 들리는데도 불구하고 우격다짐으로 군대에 갔다. 미국 카네기멜론대에서 컴퓨터공학을 전공한 그의 장남도 귀국해 군복무를 마쳤다. 시력이 나빠 공익근무 판정을 받은 차남은 인공렌즈 삽입술 시술 후 신체검사를 다시 받고서 현역으로 복무했다. 그는 군복무는 도덕심을 지키기 위한 결정이었다고 말했다.

"큰애가 군대 가기 전엔 우등생이 아니었습니다. 하지만 군복무 후 되레 학구열이 높아졌죠. 흔히 한창 공부하고 일할 나이에 생기는 공백 때문에 군에 가기를 꺼리는데, 그 공백이 마이너스인 것만은 아니에요. 과거 제가 군대를 간 것이 잘못된 결정이었다고 생각했다면 아이들에게 입대를 권하지 않았겠죠. 미국 영주권도 있는 애들인데요."

영주권자를 자원입대시키고 공익근무 대상자를 현역으로 복무케 한 아버지도 대단하지만 이런 부모의 요구를 수용한 자식들도 예사롭지는 않다. 그의 두 아들은 아버지가 평생 어떻게 살아왔는지 알기에 그 결정에 따랐다고 한다. 조 회장은 "교과서에서 가르치는 대로 근면성실하고, 몸담고 있는 분야에서 전문가로 평가받는다면 사실 자식들이 아버지를 따르지 않을 이유가 없다"고 말했다.

# ■ '스펙' 관리보다 '스킬' 연마가 더 쓸모 있다

조 회장은 서른 이후 10년 주기로 삶의 목표를 설정했다. 삼십 대엔 다른 사람들과 다양한 네트워크를 구축하기 위해 열심히 뛰었다. 그가 비트교육센터를 만든 목적 중 하나도 '조현정 한 사람 대 n'이 아니라 'n 대 n'의 네트워크를 구축하는 것이었다. 국내 소프트웨어 개발자 중엔 비트교육센터 출신이 상당수에 이른다. 이들은 평생취업률 100%다.

사십 대엔 상생의 인프라를 구축하는 일에 주력했다. 그 일환으로 장학재단을 만들고 모교에 건물도 지어 기증했다. 오십 대 이후로는 멘토링에 몰두하고 있다. 청년들의 멘토로서 그는 스펙 관리에 매달리는 요즘 젊은 세대가 안타깝다고 말한다.

"스펙 쌓기는 한마디로 무모합니다. 대학의 졸업학점은 변별력이 없어 대기업은 물론이고 벤처기업인 우리 회사도 안 믿습니다. 수도권 대학 출신의 93%가 졸업학점이 평균 B학점 이상입니다. 상대평가라지만 재수강을 해 학점 관리를 하기 때문이죠. 토플·토익 점수 높아봤자 영어권 유학파가 널려 있습니다. 우리 회사만 해도 해외사업 파트는 중학교 때부터 유학해 네이티브 스피커 수준으로 영어를 하는 해외파를 뽑습니다."

그래서 그는 "스펙을 관리하기보다 스킬의 연마에 힘써야 한다"고 이야기한다. 스펙을 높이는 데는 꼬박 대학 4년과 그 이상의 시간이 걸리지만 스킬은 1년만 열심히 하면 쌓을 수 있기 때문이다. 스킬 쪽이 투입한 시간 대비 산출량이 훨씬 많다는 것이다.

"기업들이 스펙 보고 사람 뽑는 것은 아닙니다. 스펙 좋다고 프로그램 잘 짜는 거 아니잖아요? 취업난이 심각하지만 소프트웨어 분야는 구인난을 겪고 있습니다. 『논어論語』에 '배우고 때때로 그것을 익히면 또한 즐겁지 아니한가學而時習之 不亦說乎'라는 말이 나오는데 저는 여기서 '습習'을 '용用'으로 바꿔 해석합니다. '배우고 때때로 그것을 쓰면 또한 즐겁지 아니한가'로 말이죠. 지금은 이공계가 득세하는 실용사회예요. 스펙 경쟁을 포기하고 스킬을 높이면 우리 사회의 실업률을 절반 수준으로 떨어뜨릴 수 있습니다."

그는 소프트웨어 산업이야말로 우리나라의 신성장동력이 될 수 있다고 주장한다.

"한국은 세계 최초의 SNS인 싸이월드와 스카이프를 능가하는 다이얼패드를 만든 나라입니다. 무엇보다 지금 소프트웨어에 투자하지 않으면 우리 제조업이 붕괴하고 맙니다. 스마트폰이 일부 제조업을 집어삼켰듯 말이죠. 반대로 소프트웨어에 투자하면 활황 정도가 아니라 제2의 '한강의 기적'을 만들어낼 수 있어요. 그동안 우리나라가 하드웨어 위주의 기형적 성장을 했는데 늦기 전에 갤럭시 같은 좋은 하드웨어에 카카오톡 같은 불세출의 소프트웨어를 실어야 합니다."

비트컴퓨터는 일찍이 은행에서 대출을 받은 서비스기업 1호였고, 테헤란밸리의 원조 벤처이기도 하다. 그가 회사를 창업한 1983년엔 '벤처'라는 용어조차 없었다. 대학생 때 호텔 객실에서 한 창업은 오피스텔적인 발상이었다. 조 회장이 작성한 1호 기록들을 보면 "미래는 예측하는 게 아니라 만들어가는 것"이라는 미국 경제학자 조지프 슘페터Joseph Schumpeter의 말을 수긍하게 된다.

# 잘났어도
# 잘난 척하지 마라

‘내가 난데’ 하는 우쭐한 태도를 버려라.

◆ 열여섯 살 소년 이채욱에게 황의복 교장선생님이 들려준 이야기 ◆

이채욱 CJ 부회장은 2013년 예순일곱에 CJ그룹에 몸담았다. 남들은
은퇴했을 나이다. CJ대한통운 대표, CJ 대표를 역임했고, 건강이 안
좋아 대표 자리를 내려놓았지만 이재현 CJ그룹 회장의 뜻에 따라 부
회장 직함을 유지하고 있다.

　이 부회장은 경북 상주 출신이다. 상주고를 거쳐 영남대 법대를 졸
업했다. 그는 2009년 공저로 낸 책『젊은 심장, 세계를 꿈꿔라』에 이
렇게 썼다. "지방 출신이라 좋은 점은 다른 사람들이 나 같은 촌놈을
경쟁상대로 생각하지 않는다는 것이었다. 그래서 주변의 훌륭한 사
람들을 보면 물어보고 배웠다. 이것이 바로 나의 경쟁력이었다."

그의 인생 좌표는 '겸손한 사람'이다. 중학교 3학년 때 들은 교장선생님 말씀이 평생 삶의 지표가 됐다고 말했다.

"황의복 교장선생님은 해마다 열여섯 살 까까머리 졸업반 학생들을 모아놓고 특강을 하셨습니다. 그때마다 '내가 누군데, 내가 난데' 하는 우쭐한 태도를 버리라고 말씀하셨죠. 잘났어도 잘난 척하지 말고 항상 겸손하게 처신하라는 말씀이었는데, 세월이 흐르면서 그 이야기가 가슴에 더욱 와닿았습니다."

황 교장은 서울 선린상고를 수석으로 졸업했다. 당시 이 학교 수석 졸업생은 한국은행에서 뽑아갔다고 한다. 그런데 그가 졸업하던 해 한국은행은 신입 행원을 뽑지 않았다. 그 바람에 다른 국책은행에 들어갔다. 그 후 '내가 한국은행에 있어야 할 사람인데' 하는 생각에 빠져 직장생활이 썩 만족스럽지 않았다고 한다. 매사 부정적이었던 그는 결국 낙향해 시골 중학교에 몸담았다. 이런 인생의 그늘 탓인지 황 교장의 근엄한 표정은 늘 어두워 보였다고 이 부회장은 말했다.

훗날 부총리 겸 경제기획원 장관을 지낸 고(故) 장기영 한국일보 창업주가 황 교장의 선린상고 1년 후배였다. 덕분에 서울로 중학교 졸업여행을 간 소년 이채욱 일행은 한국일보를 견학했다. 학생들 앞에 선 장기영 사장은 동행하지도 않은 황 교장을 깍듯이 '선배님'이라고 호칭했다. 생전 처음 본 신문사, 윤전기가 돌아가는 광경에 주눅 들었던 시골 학생들은 그 호칭에 우쭐해졌다. 한국일보 창간 전 장 사장은 한국은행 부총재도 지냈다.

"인상만 쓰시던 황 선생님이 학창 시절 그렇게나 대단한 분이었답니다. 그런 분이 자만에 빠져 직장생활에 실패하고 낙향한 거죠. 잘난 척하는 사람은 교만에 빠져 다른 사람을 존경할 수 없습니다. 결국 평생 다른 사람에게서 배울 기회를 놓치게 되죠. 겸손은 남에 대한 배려이기도 하지만 결국 자기 자신을 위한 겁니다. 황 선생님은 학생들에게 그런 교훈을 전해주고 싶었을 거라고 생각합니다."

## ■ 궐석재판의 승자가 되려면 평판을 관리하라

이 부회장은 삼성맨 출신이다. 첫 직장이었던 삼성물산 시절 이래 그는 신입사원들에게 늘 "작은 일이든 큰일이든 최선을 다하라"고 이야기한다. 어떤 일이든 그 일을 긍정해야 열정과 정성을 쏟을 수 있다. "그럴 때 결과도 좋고 윗사람도 나중에 더 큰일을 맡기게 된다"는 것이다.

그는 인맥관리에 능한 것으로 정평이 나 있다. 이영관 도레이첨단소재 회장은 "이 부회장을 만나면 다 그의 팬이 된다"면서 "열정적이고 담백하고 무엇보다 사람이 진실하기 때문"이라고 귀띔했다.

비결이 뭘까? 이 부회장은 "자기관리를 잘하려면 자신의 부재 중 벌어지는 궐석재판의 승자가 돼야 한다"고 주장한다. 이른바 뒷담화를 통해 형성되는 평판을 잘 관리하라는 것이다.

"사람은 누구나 자신이 없는 자리에서 궐석재판을 받습니다. 그럴 때 자신에 대해 긍정적으로 얘기해줄 사람이 많아야 돼요. 그런데 언제 어느 자리에서 누가 자기 이야기를 할지 모르잖아요? 결국 주변의 모든 사람과 좋은 관계를 맺는 수밖에 없습니다. 대인관계에 왕도란 없어요. 평소 사람들을 진솔하게 대하는 방법뿐이죠."

궐석재판의 예를 들어보자. 이 부회장이 잘 아는 한 중견그룹 회장은 골프 매너에 대한 평판이 좋지 않았다. 그 회장과 함께 라운딩을 해본 사람은, 골프를 칠 때마다 마구 화를 내는 모습을 보고 다시는 필드에 같이 나가고 싶어지지 않는다고 한다. 궐석재판에서 라운딩 상대로는 부적격이라는 선고를 받은 셈이다.

이 부회장이 직원들에게서 자주 받는 질문이 있다. 화를 안 내는 노하우가 무엇이냐는 것이다. 그는 이렇게 털어놓았다.

"왜 화가 안 나겠습니까? 그런데 화가 난다고 해서 그 감정을 그대로 드러내면 궐석재판에서 지는 겁니다. 별것도 아닌 일로 화내고 짜증 내는 사람이라는 소리를 듣게 되는 거죠. 그래서 화는 내지 않고 상대방에게 내가 화났다는 사실만 알려줍니다."

제너럴일렉트릭GE코리아의 CEO로 있던 시절, 비서가 일을 잘못 처리하면 그는 "오늘부로 GE에서의 근무기간을 일주일 단축하겠다"고 농담을 했다. 칭찬할 일이 생기면 반대로 "GE에서의 근무기간을 닷새 연장하겠다"고 말했다. 처음엔 무슨 말인지 못 알아듣던 비서가 이런 화법에 적응이 되자 그에게 "이번엔 닷새가 아니라 열흘 연장시켜줘야 한다"고 응수했다. 그가 근무기간을 단축하겠다는 말을 할 때면 화가 단단히 났다는 것을 비서도 알게 된 것이다.

화가 날 수밖에 없는 상황에서 어떻게 화를 안 낼 수 있을까? 같은 자극에 대해 다르게 반응할 수 있다고는 하지만 말처럼 쉬운 일은 아니다. 이 부회장은 자기최면을 걸었다. 공식적인 자리에서 자주 "화를 잘 내는 사람은 인간성에 문제가 있다"고 말했다. 그렇게 공언해놓고 화를 내면 스스로 인간성에 문제가 있다고 인정하는 꼴이 돼버린다.

"사실 화난다고 성질부리고, 짜증난다고 투덜거리고 나면 회복하는 데 또 다른 에너지가 필요합니다. 화를 내면 대화도 중단되죠. 상대방은 굳이 감정을 드러내지 않더라도 알아채요. 끝없이 잔소리해대고 같은 질책을 반복하면 잘못한 사람도 자기 잘못을 인정하지 않습니다. 저는 화가 날 때 한두 번 심호흡을 합니다. 그러고 나면 좀 진정이 돼요."

이 부회장은 2006년 『Passion 백만불짜리 열정』이라는 책을 냈다. 책 제목처럼 그는 신바람이 나서 열정적으로 일하는 타입이다. 그 책을 출간했을 당시 독자를 자처하는 한 남자가 찾아왔다. 책을 내밀면서 사인을 해달라고 요청한 이 남자에게 이 부회장은 '열정을 가지고 최선을 다하라'고 써줬다.

이 부회장이 GE헬스케어 아시아성장시장 총괄사장으로 싱가포르에 근무할 때 순복음교회 측이 워크숍 강사로 그를 초청했다. 순복음교회 장로·권사 약 2,000명이 모이는 자리에서 강의해달라는 요청이었다. 기독교 신자지만 상대적으로 직분이 낮은 집사였던 그는 이 부담스런 제안을 여러 번 고사한 끝에 결국 응했다.

그런데 그를 강사로 추천한 사람이 바로 책에 사인을 받아갔던 그 사업가였다. 막 사업을 시작하려던 그 사람은 책을 곁에 두고 힘들 때마다 읽으면서 용기를 얻었다고 말했다. 어려운 결정을 할 때면 '이 부회장님은 이런 상황에서 어떤 결정을 내릴까' 하는 생각을 했다고 한다. 그는 이 부회장에게 "당신은 나의 멘토"라고 고백했다.

이 부회장은 "우리나라처럼 작은 사회는 두어 단계만 거치면 다 아는 사이라고 할 수 있다"고 말했다.

"없는 자리에서 누구나 나에 대해 한마디씩 할 수 있습니다. 도움은 못 돼도 나에게 불리한 이야기를 할 수는 있어요. 그래서 당장 득이 안 되더라도 모든 사람들을 진솔하게 대하고 원만한 관계를 맺을 필요가 있죠. 자기 지위를 믿고 목에 힘주거나 다른 사람에게 화를 내면 언젠가 궐석재판에서 불리하게 작용할 수 있습니다."

# 남을 이롭게 하는 게
# 나에게도 이롭다

;

## 자리이타自利利他.

♦ 자신을 위해 수행하고 남을 위해 행동하라는 불교의 가르침 ♦

조영탁 휴넷 사장은 1999년 이 회사를 창업했다. 직장인들이 현업에서 필요로 하는 실용적인 지식을 제공하는 게 목적이었다. 휴넷의 이런 지향성은 '행복한 성공 파트너 휴넷'이라는 회사의 비전에 잘 드러난다.

그는 자신의 인생과 사업에 가장 큰 영향을 끼친 말로 '자리이타'라는 불교 수행의 가르침을 골랐다. 남을 이롭게 하는 것이 나에게도 이롭다는 뜻이다. 원불교대사전은 "자리이타를 원만하고 완전하게 수행한 이를 부처라 한다"고 풀이하고 있다. 이 말은 "남에게 대접을 받고자 하는 대로 남을 대접하라「마태복음」 7장 12절"는 기독교의 황금률golden rule과도 통한다. 동서고금에 모두 통용되는 윤리관인 셈이다. 과거 삼성경제연구소가 「기업 생태계를 가꾸는 지혜 : 이타자리利他自利」라는 보고서를 발표하기도 했는데, 대표적인 사례가 바로 프로그램 개발자와 아이폰 구매자를 이어준 애플의 앱스토어다.

조 사장은 이메일로 전하는 경영어록 '행복한 경영이야기'를 2003년부터 매일 배달한다. 여기 담을 소재를 찾기 위해 수백 권의 책을 읽고, 또 그 내용을 정리하느라 막대한 시간을 투입한다. 경영자들에게 도움을 주고 싶어 시작한 일이지만 휴넷이 벌이는 교육사업이 '행복한 경영이야기' 덕을 보기도 한다. 휴넷 MBA 등 온라인 교육 프로그램에 접속하는 사람들 가운데 상당수가 "그동안 경영어록을 무료로 받아 보며 도움을 받았는데 이 정도는 해줘야 할 것 같았다"는 수강 동기를 밝힌다. 이 역시 자리이타, 상리공생相利共生의 원리로 설명할 수 있는 선순환이다.

## ■ 리더는 자타의 잠재력을 끌어올리는 사람이다

조 사장은 서울대 경영학과 졸업 후 금호그룹에 입사했다. 전문경영인이 되겠다는 뚜렷한 목표가 있었다. 새벽 6시 반에 출근해 밤 11시 퇴근하는 강행군을 해 서울대 경영대학원 석사학위 취득과 공인회계사 시험 합격을 동시에 해냈다. 회사에서는 고속승진을 했다. 사내 '패스트트래커fast-tracker'로 선발돼 창업을 하지 않았다면 사십 대에 대기업 사장이 될 수도 있었다고 한다. 그는 스스로 역량을 쌓으려면 포털이 선별한 기사에 낚이지 말고 종이신문을 읽으라고 주변에 권한다.

"유력지를 정독하면 300명의 기자가 종일 취재해 작성하는 책 한 권 분량의 보고서를 매일 받아 보는 겁니다. 똑똑한 비서 300명이 작성하는 일일 보고서죠. 거기 투입되는 비용이 연간 300억 원은 될 거예요. 신문을 읽는 데 하루 한 시간만 투자하세요."

'코이'라는 관상어가 있다. 이 물고기는 처한 환경에 따라 다 자랐을 때의 크기가 다르다. 어항에서는 5센티미터까지 자란다. 어항보다 큰 수족관에서는 25센티미터, 자연상태에서는 1미터까지 자란다. 성장성이 무려 20배나 차이가 난다. 코이의 이런 특성은 잠재력의 효과를 인상적으로 보여준다.

성장환경을 조성해 자신은 물론 타인의 잠재력까지 끌어올리는 것이 곧 리더의 역할이다. 조 사장은 세상엔 세 종류의 힘이 있다고 말한다. 금수저 물고 태어나는 사람의 생득적生得的 지위, 힘 있는 자리가 부여하는 권력 그리고 바람직한 영향력이다. 마지막 바람직한 영향력이 바로 진정한 리더십이라는 게 그의 주장이다.

"리더십의 원천은 솔선수범하는 자세, 도덕성, 책임감, 문제해결 능력, 비전, 변화에 대한 추동력 등이죠. 리더는 자기 능력을 발휘하는 데 그치는 것이 아니라 다른 사람들의 능력을 끌어내는 사람입니다. 리더라면 다른 사람들과 협업해 성과를 극대화해야 돼요."

2018년 1월 22일자 '행복한 경영이야기'는 존 고든Jon Gordon의 『인생단어』 중에서 "성숙한 사람은 자기가 먼저 사다리를 오르겠다고 몸싸움을 벌이는 것이 아니라, 타인이 먼저 오를 수 있게 사다리를 만들어준다"는 말을 전했다. 조 사장은 이 문장에 이렇게 해설을 달았다. "다른 사람이 내가 만든 사다리를 딛고 정상에 올라갈 때, 사다리를 만든 사람은 비로소 성공하게 됩니다. 다른 사람의 성공을 돕는 것, 내가 받는 게 아니라 얼마나 많이 주느냐가 참성공의 척도입니다."

말하자면 우리 사회 성공의 척도가 바뀌어야 한다는 주장이다. 협업이 필요한 시대, 우리는 저마다 누군가를 정상에 올려 보내는 사다리 노릇을 해야 하는 사람인지도 모른다.

"세상에 태어나 받는 것보다 주는 게 많아야 성공한 인생입니다. 나로인해 세상이 더 살 만해진다면, 단 한 사람이라도 그렇게 느낀다면 그럼 성공한 인생인 거예요. 돈 많이 벌고 이름을 날리는 게 성공이 아니라. 재산, 명예, 권력은 세상에서 받는 거예요. 이런 것들을 받기만하다 가면 내가 무언가 세상에 주는 게 아니라 세상이 나에게 일방적으로 주기만 한 거죠. 과거엔 '공부해서 남 주나' 했지만, 남보다 공부를 더 했다면 남들에게 뭔가 줘야 합니다."


## ■ 더 살 만한 세상을 만들어내는 가치


자리이타는 휴넷의 내부 강령인 '행동십훈'에 당당히 끼어 있다. 자리이타를 경영에 대입하면 직원의 행복이 고객의 만족, 기업의 수익으로 이어지는 프로세스와 상통한다. 기업의 구성원이 행복하면 자연히 고객과의 관계가 좋아지고, 고객의 니즈가 충족되면 회사는 돈을 잘 벌게 돼 있다. 많은 기업이 구성원을 내부고객으로 대하는 까닭이다.

이런 경영 철학은 글로벌 제약회사 머크Merck의 사명 선언문에서도 볼 수 있다. "약은 사람들을 위한 것임을 우리는 결코 잊지 않으려 노력합니다. 약은 돈벌이 수단이 아닙니다. 수익은 부수적인 것일 뿐입니다." 조 사장은 자리이타 경영이야말로 지속가능한 경영이라고 역설했다.


"돈을 많이 벌겠다는 생각을 버리고 직원, 고객, 주주, 지역사회 등 이해관계자들을 행복하게 해주면 그들이 나를 행복하게 만듭니다. 이런 상태를 지속할 때 법인도 건강한 상태에서 오래갈 수 있습니다. 우선

순위를 상대방의 행복에 둔다는 점에서 상생보다도 한 걸음 더 나아
간 생각이라고 할 수 있죠."

가톨릭 신자인 그는 자리이타의 지혜를 발휘하면 황금률이 지배하
는 유토피아를 지상에 건설할 수 있다고 믿는다.

"우리는 사람들의 행복한 성공을 도우려고 좋은 콘텐츠를 만들어 교
육합니다. 그 결과 교육받은 사람들이 자신의 잠재력을 발휘하게 되
면 본인도 행복하고 그 가정도 행복해지죠. 그래서 '행복한 아버지학
교' 온라인 프로그램도 만들었습니다. 이게 말하자면 저의 사명이고
존재이유예요."

휴넷은 정년이 100세인 기업이다. 정년을 맞은 직원은 아직 없다.
노욕을 부린다고 할까 봐 그 자신은 60세까지만 근무할 생각이라고
귀띔했다.

"앞으로도 교육을 통해 세상을 바꾸는 일을 지속적으로 할 겁니다. 회
사를 여럿 만들어 여러 명의 사장과 해보려 합니다. 혼자서 할 수 있
는 일은 별로 없어요. 더불어 살아가야죠."

# 재물보다 명예를
# 선택하라

;

명예는 많은 재산보다 소중하고, 존경받는 것은 금은보다 낫다.

◆ 「잠언」 22장 1절 ◆


김영훈 대성그룹 회장은 그룹 창업주인 고故 김수근 회장의 삼남이다. 대성그룹은 1960년대에 연탄만 팔아 재계 10위권에 들었다. 미래 성장동력을 제때 찾지 못해 중견그룹에 머물렀지만 국내의 대표적인 에너지 전문 기업이다.

업종을 막론하고 기업이 경쟁 상황에 대처하려면 몸집을 키워야 한다. 외형을 키우는 과정에서 이런저런 유혹을 받게 마련이다. 김 회장은 "그런 유혹에 직면할 때마다 합법적이고 합리적인 루트를 선택해온 게 대성그룹의 철학"이라고 말했다. 이 철학은 한마디로 '명예 경영'이라고 할 수 있다.

"이런 철학의 바탕이 된 것이 솔로몬 왕이 아들에게 왕도를 가르치려고 쓴 「잠언」중 '많은 재물보다 명예를 택하라'는 말씀입니다. 명예냐 재물이냐의 갈림길에서 이 구절이 항상 이정표 역할을 해줬어요. 여기서 명예란 좋은 평판이라고 할 수 있죠. 부침이 심한 일부 기업들을 보면 사업하면서 수단·방법을 가리지 않는 경향이 있는데, 그 결과 오명을 남기는 것을 봅니다. 성경의 이 말씀은 기업뿐 아니라 개인의 삶에도 적용할 수 있습니다. 돈 때문에 패가망신하는 사람이 우리 사회에 얼마나 많습니까?"

준법·합리를 추구하는 김 회장의 경영관은 윤리 경영, 나아가 지속가능 경영과 맞닿아 있다. 그가 발행인으로 있는 출판사 JCR은 『왕도The Royal Way』란 제목으로 한·일·영·중 네 가지 언어로 된 「잠언」을 펴냈다. 대성그룹 직원들 명함엔 「잠언」 22장 1절이 영문으로 새겨져 있다"A good name is more desirable than great riches".

## ■ "명예로운 이름의 주인공이 돼라"

성경은 한 사람이 두 주인을 섬기지 못할 것이라며 하나님과 재물을 겸하여 섬기지 못한다고 가르친다「마태복음」 6장 24절. 샐러리맨의 신화가 된 장로 출신 CEO가 대통령까지 지내고도 구속을 피하지 못한 건 재물에 대한 욕심 때문이라고 할 것이다. 그는 명예를 잃었거니와 기독교 지도자로서 받은 신자들의 존경도 잃었다고 할 수 있다.

류승완 감독의 영화 〈베테랑〉에 나오는 배우 황정민의 대사 "우리가 돈이 없지, 가오かお·顔가 없냐?"는 사실 한국인의 보편적인 정서와 닿아 있다. 류 감독에 따르면 이 대사는 강수연 전 부산국제영화제 집행위원장이 사석에서 종종 하던 이야기에서 따왔다고 한다. 유명 배우인 그가 "우리 영화인이 돈이 없지, 가오가 없어?"라고 할 때면 나름의 카리스마가 넘쳤다고 한다.

사실 오너 경영인이라는 점에서 김 회장은 이미 재물을 얻은 사람이다. 혹시 그랬기에 재물로부터 명예로 눈을 돌릴 수 있지 않았을까? 그는 이순신 장군 이야기로 답변을 대신했다.

"이순신 장군이 무명 군관이던 시절의 일입니다. 장군에게 좋은 화살통이 있었습니다. 같은 덕수 이 씨로 친척인 율곡 선생이 그 화살통을 자기에게 달라고 했습니다. 부탁을 거절하면서 장군이 이렇게 말했다고 합니다. '이 화살통을 드리면 우리 두 사람 다 이름을 더럽히게 됩니다.' 이름이 나지 않았을 때도 장군은 그렇게 행동했습니다."

대성그룹의 명예 경영 철학은 창업주인 고 김수근 회장의 유산이기도 하다. 김영훈 회장이 털어놓은 아버지 김 회장의 일화는 이렇다.

김수근 회장과 동향인 정계의 실력자가 있었다. 두 사람은 막역한 친구이기도 했다. 그 실력자가 어느 날 자신이 몸담고 있던 집권당에 비공식으로 정치헌금을 낼 것을 요구했다고 한다. 합작 기회를 만들어 헌금액의 100배에 달하는 이권을 챙겨주겠다고 약속했지만 김수근 회장은 그 제의를 거절했다. 친구 사이는 틀어졌고, 갑자기 국세청에서 세무조사를 나왔다. 많은 기업이 이중장부를 만들던 시절이지만 당시 대성그룹엔 하나의 장부밖에 없었다고 한다.

털어도 먼지가 나지 않자 국세청장이 찾아왔다. 청장은 김수근 회장을 붙잡고 자신이 실력자의 눈 밖에 나지 않게 해달라고 통사정을 했다고 한다. 세무조사 결과 그대로 대성그룹은 탈세한 일이 없다고 보고했다가 '당신 그쪽 돈 받아 쓰고 봐주는 것 아니냐'는 질책을 들을 것이 걱정됐기 때문이었다. 결국 그로부터 두 달 후 실력자가 김수근 회장에게 찾아와 정식으로 사과했다고 한다.

정권마다 정치자금 제공을 거절하다보니 '크게 이룬다大成'는 상호처럼 회사가 급성장할 기회를 놓쳤다. 그러나 정권과의 밀착을 경계한 아버지를 보면서 자랐기에 김영훈 회장 역시 같은 유혹에 흔들리지 않을 수 있었다. "명예로운 이름의 주인공이 돼라." 그는 기업을 하면서 이 원칙을 지키는 게 때로는 전쟁을 치르는 것 같다고 털어놓았다.

"명예와 인간관계를 양립시키기 어려울 때가 많습니다. 명예를 지키

려다 관계의 파국을 맞기 십상이죠. 그래도 이권에 좌우되지 않는 회
사라는 평판은 이제 어느 정도 굳어진 것 같습니다."

## ■ 활줄을 당길 때처럼 한 걸음 물러나서 보라

김 회장은 자타가 공인하는 국궁國弓 마니아다. 그는 활을 쏘는 건
경영활동과 매우 비슷하다고 말했다. 결정적인 순간에 집중하고 한
걸음 물러나 다시 점검하기도 하는 것이 꼭 그렇다.

"국궁은 경영자인 저의 동반자이자 스승이기도 합니다. 단순한 운동
이라기보다 변하지 않는 경영원리가 담겨 더 좋아하게 됐죠. 활을 쏠
땐 만작의 단계가 가장 중요합니다. 팽팽해질 때까지 4~6초 동안 활
시위를 한껏 잡아당기는 단계인데, 가장 좋은 발사 기회를 만들어내
기 위한 일촉즉발의 시간이죠. 만작은 기업이 새로운 사업에 진출할
때 시장 동향, 경쟁 업체 현황 등의 다양한 정보를 수집하고 분석하는
단계와 흡사합니다. 만작이 잘못되면 화살이 과녁에 제대로 닿을 수
없듯이 시장 상황에 관한 정보 수집과 분석이 충실치 못하면 원하는
경영 성과를 낼 수 없죠."

회사를 경영할 때도 때로는 만작하듯 한 걸음 물러나는 것이 필요

하다. 우리나라 전쟁사의 3대 대첩인 을지문덕 장군의 살수대첩, 강감찬 장군의 귀주대첩, 이순신 장군의 한산도대첩은 후진했다가 최적의 시기에 공격해 큰 승리를 거둔 전투다. 그는 "세 무장이 모두 활의 명인이었는데, 만작의 원리를 알고 이를 전쟁에 활용했다고 본다"고 말했다.

서울대 행정학과를 나온 김 회장은 미국 유학길에 올라 법학석사와 MBA를 마쳤다. 그 후 다시 도미渡美해 하버드대에서 신학석사 학위를 받고 귀국해서는 영락교회에서 전도사로 일했다. 그러다 목사 안수를 받기 전 아버지의 권유로 회사 경영에 참여하게 됐다.

그는 일주일에 두 권꼴로 책을 읽는다. 대성의 구성원들에게 독서를 권하고 책을 많이 읽는 이에게는 포상을 하기도 한다. 서울 관훈동 대성그룹 사옥 지하엔 다양한 분야의 책이 1만 권 이상 보관된 서고가 있다. 전담 사서가 있어 언제든지 직원들이 책을 대출할 수 있다. 김 회장은 "다른 비용은 아끼더라도 책을 사는 돈만큼은 절대 아끼지 마라"고 강조한다.

은퇴 후 목사로 활동하고 싶어 하는 그에게 젊은 세대를 위한 조언을 구했다.

"스펙을 열심히 쌓는 것도 물론 좋은 일입니다. 자기 자신을 브랜딩하면서 남들과 변별되는 존재로 만들어가는 거니까요. 그런데 진짜 변별력은 성실한 사람, 거짓이 없는 진실한 사람이라는 평판을 얻는 것입니다. 사실 요즘 웬만한 학력이면 회사에 들어가 경험을 쌓아 일은 잘할 수 있어요. 중요한 건 신뢰를 얻는 것입니다. 사람들이 믿고 맡길 수 있는 명예로운 이름의 주인공이 되십시오."

# 더 멀리 보려면
# 더 높이 날아라

;

가장 높이 나는 갈매기가 가장 멀리 본다.

◆ **리처드 바크**Richard Bach, 『**갈매기의 꿈**Jonathan Livingston Seagull』 중에서 ◆

남석우 콤텍그룹 회장은 장수 CEO다. 창업 후 30년 이상 기업을 유지할 수 있었던 건, 오너 경영인인 그가 단기 실적에 치중하기보다 장기 비전을 추구했기 때문이다. 콤텍그룹의 모기업인 콤텍시스템은 1983년에 설립된 정보통신 전문 기업이다. 직원 여덟 명이 모뎀을 생산하던 벤처기업이 토털IT서비스를 제공하는 회사로 성장했다.

남 회장은 1991년 회사 상장을 추진하기로 마음먹었을 무렵 『갈매기의 꿈』에서 이런 구절을 읽었다. "가장 높이 나는 갈매기가 가장 멀리 본다." 리처드 바크가 쓴 이 우화소설의 주인공 갈매기 조나단 리빙스턴은 모험가다. 조나단은 여느 갈매기처럼 눈앞에 보이는 먹이를 찾는 일에만 매달리지 않는다. 멀리 앞을 내다보려 더 높이, 더 빨리 비행을 한다. 그는 '갈매기도 이렇게 높이 날아 멀리 보는 꿈을 꾸는데 나라고 못할 것 없지' 하고 생각했다.

"높이 나는 갈매기는 고깃배에서 던져주는 빵 부스러기를 놓고 동료들이 아귀다툼하는 해안가를 벗어나 먼 바다를 조망할 수 있습니다. 기업 입장에서 멀리 보는 건 비전이랄까, 장기적인 목표를 설정하는 것에 해당합니다. 이런 비전을 구성원들이 공유하고 목표를 향해 함께 매진할 때 기업으로서 지속할 수 있어요. 삼성전자가 소니를 앞지른 것도 멀리 내다보고, 미래에 대비하고, 타이밍이 왔을 때 놓치지 않을 전략이 있었기에 가능했다고 봅니다. 1997년 콤텍시스템은 당시 국내 최고가로 코스피에 상장됐죠. 상당기간 삼성전자보다도 주가가 높았습니다."

## ■ 직원들의 역량이 회사의 힘이다

남 회장은 멀리 보는 경영을 하려 구성원 교육에 힘썼다. 중소기업 시절 연간 6억 원을 교육에 투자했다. 격주휴무제를 실시한 후로는 근무하는 토요일에 종일 교육만 했다. 기술·영업에 대한 교육도 하고 원가와 손익 개념도 심어줬다. 회사 교육 프로그램이 심지어 인간관계 맺는 법과 예의범절까지 커버한다.

"획기적인 아이디어와 독보적인 경쟁력 없이는 레드오션에서 좀처럼
살아남기 어려워요. 회사가 발전하려면 경쟁이 치열하지 않은 새로운
비즈니스, 즉 블루오션을 찾아 떠나야 합니다. 벤처가 신제품 개발에
성공할 확률은 10% 안팎, 시장에서 마케팅에 성공할 확률은 그 10%
수준입니다. 결국 신규투자란 1%의 성공 확률에 도전하는 게임이라
고 할 수 있죠."

이 과정은 갈매기 조나단 리빙스턴의 비행훈련에 비유할 수 있다.
시속 140킬로미터의 신기록에 도전한 조나단은 급강하하다 벽돌처
럼 단단한 바다에 처박히고 만다. 조나단은 온몸이 산산조각 나는 듯
한 고통보다도 실패의 중압감에 짓눌린다.

새로운 세계에 도전하려면 새로운 자세, 새 지식이 필요하다. 남 회
장은 "기업의 경쟁력은 사람에게서 나오고, 그래서 사람을 잘 뽑아
제대로 가르쳐야 한다"고 단언했다.

"IT 분야는 제조업체 아니면 직원들의 능력으로 평가받을 수밖에 없
습니다. 직원들이 얼마나 잘하고, 얼마나 열심히 하고, 얼마나 고민하
면서 일을 하느냐에 회사의 실적이 달렸습니다. 직원들의 역량이 곧
그 회사의 힘이죠."

교육을 중시하는 건 유능한 사람을 뽑기 힘든 중소·중견기업의 절박한 사정과도 관계가 있다. 탁월하지 않은 인력이 똘똘 뭉쳐 업계 1위를 하려면 교육을 잘하는 수밖에 없다는 것이다. 덕분에 사원 채용면접 때 지원 동기로 "콤텍이 교육을 많이 시키기 때문"이라고 답하는 사람이 적지 않다고 한다.

리처드 바크는 『갈매기의 꿈』 책머리에 "우리 모두 속에 살고 있는 진정한 조나단 갈매기에게"라고 썼다. 우리 안에 있는 조나단의 기질을 가진 도전자들, 고공비행을 마음먹은 익명의 동시대인에게 자신의 책을 헌정한 셈이다. 남 회장에게도 『갈매기의 꿈』은 인생살이의 교과서 같은 책이다. 그는 젊은 세대에게 "스펙 쌓기에 골몰하기보다 앞으로 어떻게 살 것인지 그림을 그려보라고 권하고 싶다"고 말했다. 그 그림은 100세 시대, 취업 후 60~70년에 대한 인생 설계도다.


■ 대인관계 일관성을 유지해 신뢰를 쌓아라

남 회장은 네트워킹을 잘하는 CEO로 잘 알려져 있다. 넓은 인맥의 비결로 그는 '상대방을 편안하게 해주는 능력'을 꼽았다. "생각을 바꾸면 마음이 편해지고 심성을 다스리면 얼굴까지 환해진다"고 덧붙였다.

"다른 사람과 가까워지려면 상대방이 나를 만났을 때 편안하게 느껴야 합니다. 만나서 불편하고 더욱이 거북하기까지 하면 친해지려야 친해질 수가 없어요. 제가 만나는 사람들은 대체로 저를 편하게 생각합니다. 처음 만난 사람도 몇 마디 주고받으면 '믿을 만하다'는 인상을 받는 것 같습니다."

남 회장은 온화한 인상에, 목소리의 톤이 낮으면서도 부드럽다. 그는 상대방이 편안하게 느끼려면 가식이 없고 역지사지易地思之의 배려가 있어야 한다고 했다. 그렇게 사람들을 대하다보니 처음엔 안 된다고 하다가도 세 번 정도 만나고 나면 대부분 태도가 바뀌더라고 말했다.

그런 힘은 어디서 나올까? 그는 '한결같은 일관성'을 첫손에 꼽았다. 흔히 초심으로 돌아가자고 다짐하지만, 새삼 돌아갈 것도 없이 만나는 사람마다 늘 초심으로 대한다는 것이다. 고객사는 물론 직원들을 대할 때도 마찬가지라고 했다. 이렇게 대인관계에서 일관성을 유지하면 신뢰를 잃지 않는다.

IMF 금융위기 당시의 일이다. 해외에서 통신장비를 들여오면서 발생한 환차손으로 콤텍도 경영이 어려워졌다. 실적이 부진한 몇 명을 정리해고한 후 추가로 90명가량의 명단을 작성해 장고長考에 들어갔다.

나가봐야 딱히 갈 데가 없는 모진 시절이었다. 그는 임금을 삭감해

고통을 분담하는 길을 택했다. "어렵지만 함께 이 어려운 길을 가자. 가는 데까지 가보고 정말 못 견디겠으면 그때 다시 결정하자"고 구성원들을 설득했다. 이렇게 위기의 순간을 넘기자 뜻밖에 벤처 붐이 일면서 호황이 들이닥쳤다. 직원들을 내보내지 않았기에 쏟아지는 일을 감당할 수 있었다.

"어려웠을 때 나 살자고 내보냈다면 사람들이 그 호시절에 우리 회사에 붙어 있었겠어요? 기회가 왔을 때 더 좋은 조건을 좇아 떠났겠죠."

1994년 3월 서울 종로 일대의 통신이 두절되는 사고가 발생했다. 지하 통신구에서 불이 나 광케이블이 타버린 탓이다. 이 사고로 증권사와 은행에 비상이 걸렸다. 증권사의 경우 통신이 두절되면 대규모 손해배상소송에 휘말릴 수도 있었다. 퇴근시간이 지난 시각, 통신회사에 전화가 빗발쳤지만 대부분 퇴근 후였고 전화를 받은 회사들도 어떻게 해볼 도리가 없다고 발뺌했다.

이날 콤텍 직원들은 밤새워 고객사는 말할 것도 없고 거래처가 아닌 은행·증권사까지 장비를 싣고 가 복구작업을 벌였다. 전화를 걸어와 도움을 청했기 때문이다. 거래처가 아닌 기업들에서 고마워했음은 물론이다. 이런 활동이 결국 비즈니스 기회로 이어졌다. 나중에 경제적으로도 몇 배의 보상을 받았다.

"저야 퇴근 후였고 전화로 보고받고는 고객들 불편 없도록 잘 처리하라고 지시한 게 다예요. 결국 교육의 효과입니다. 위기는 잘 활용하면 좋은 기회가 됩니다. 그런데 교육이 안 되어 있으면 이런 위기에 제대로 대응할 수가 없습니다."

남 회장은 회사에서 위임을 많이 한다. 위임을 하면 우선 CEO가 편하고 임직원들도 편해진다. 위임받은 사람으로선 자기 책임하에 소신껏 일할 수 있다. 그가 생각하는 위임의 조건은 두 가지다. 우선 위임받을 사람이 능력과 자질이 있어야 한다. 다음으로 위임하는 사람이 인내할 줄 알아야 한다.

"위임해놓고 자꾸 간섭하면 죽도 밥도 안 돼요. 윗사람이 인내심을 갖고서 돈이 좀 깨지고 문제가 좀 생겨도 내가 커버하겠다는 생각을 해야 합니다."

# 철학자에게
# 겸손의 처세를 배우다

;

내가 아는 유일한 것은 내가 아무것도 모른다는 사실이다.

◆ 고대 그리스 철학자 플라톤의 「대화」 편에 나온 소크라테스의 말 ◆

박진선 샘표식품 사장은 21년 경력의 CEO다. 오너 3세인 그는 미국 유학 도중 전공을 전자공학에서 철학으로 불쑥 바꿨다. 서울대 전자공학과를 나와 미국 스탠퍼드대에서 전자공학석사 학위를 받은 아들의 이런 행동을 아버지 박승복 회장은 못마땅해 했다. 샘표식품의 경영권을 승계해야 할 장남이기 때문이었다. 그러나 철학박사가 된 그는 아버지의 우려를 씻고 샘표식품 경영에 뛰어들었다.

박사과정에 진학하며 철학으로 전공을 바꾼 건 재미있는 공부를 하고 싶어서였다. 공학도 출신인 그에게 철학 공부는 만만치 않았지만 플라톤의 『대화』편을 읽다가 불현듯 이 한 문장에 꽂혔다. "내가 아는 유일한 것은 내가 아무것도 모른다는 사실이다."

박 사장은 자신이 모르는 게 많다는 사실을 알고 이것을 마음에 새기는 자세, 곧 겸손이야말로 기업의 리더에게 반드시 필요한 덕목임을 깨달았다. 그래야 직원들에게 발언할 기회를 줄 수 있기 때문이다. 리더가 할 일은 직원들이 편하게 자신의 아이디어를 얘기하고, 설사 '미친' 생각이라도 털어놓을 수 있도록 격려하는 것이다.


## ■ 겸손은 단지 미덕이 아니라 효용가치

겸손은 샘표식품의 인재상을 구성하는 세 가지 요소 중 으뜸이다. 이 회사는 임직원에게 사심 없는 사람, 열정 있는 사람보다 먼저 겸손한 사람이 되라고 요구한다. 치열한 경쟁의 현장에서 무엇보다 겸손한 사람이 되라니, 어쩐지 생뚱맞다. 겸손이라는 미덕에 과연 기업이 눈길을 줄 만한 효용가치가 있을까?

박 사장은 "겸손하면 다른 사람과 커뮤니케이션이 잘된다"고 단언했다. 커뮤니케이션이 잘되면 협업이 잘 이루어지고 당연히 일의 성과는 커진다. 반면 스스로 다 안다고 생각하는 사람은 남들에게 배우려 하지 않는다. 그는 또 "겸손하면 실력도 는다"고 주장했다. 남의 이야기를 경청하고 자신의 입장에 대해서도 성의껏 설명하게 된다는 것이다. 그 과정에서 더 많은 것을 배우게 돼 결국 실력도 쌓인다는 이야기다.

"겸손하면 무엇보다 마음이 편해집니다. 자신이 꼭 잘나야 하는 거 아니고, 잘나가야 할 필요도 없다는 걸 알게 되죠. 남들에게 내가 어떻게 비칠지 신경을 안 쓰니 긴장할 필요도 없고 스트레스도 없어요. 마음의 무장해제라고 할까요? 실은 다른 사람들도 대부분 있는 그대로의 무방비상태를 더 좋아합니다. 손해 볼 때도 있겠지만 길게 보면 결코 손해가 아니에요."

성숙한 사람이라면 마땅히 그럴 것이다. 하지만 겸손하게 굴었을 때 오히려 우습게 보는 사람도 있지 않을까? "그런 사람은 겸손한 사람을 경계하지 않게 마련이고, 상대가 경계하지 않으면 일은 더 잘 풀린다"는 게 경험에서 우러난 그의 생각이다.

"겸손은 규범적으로 좋은 덕목일 뿐더러 도구적 효용도 큽니다. 그런데도 사람들이 대부분 겸손하지 않은 건 자신감이 없기 때문일 겁니다. 자신 없는 사람은 남이 자기를 어떻게 보느냐가 중요합니다. 자신 있는 사람은 자기 모습, 삶의 방식에 대해 남들이 어떻게 생각하든 개의치 않죠. 남의 시선을 의식하지 않으면 모든 겉치레로부터도 자유로워집니다."

## ■ 기업 하는 목적은 규모도, 돈도 아니다

1946년 샘표장유양조장으로 출발한 샘표식품은 우리나라 전통 발효식품인 장류를 기반으로 성장한 국내 최장수 식품 브랜드다. 창업주인 고故 박규회 회장은 한국전쟁 당시 피란避亂을 떠나기 전 갖고 있던 현금에, 은행예금까지 찾아 직원들에게 나눠줬다고 한다. "우리 살아서 다시 만나자"고 한 그의 말대로 샘표 직원들은 서울 수복 후 돌아와 회사를 재건했다.

샘표는 창립 이래 노사분규가 없었다. 구조조정도, 감원도 하지 않았다. 혹시 그래서 회사의 성장성에 한계가 있었던 건 아닐까?

"저는 상관관계가 있다고 보지 않습니다. 어떤 제품을 만들어내느냐, 어떤 비전을 설정하고 그 비전을 얼마나 충실히 이행하느냐가 중요하죠. 물건을 만들어내는 직원들이 행복하면 좋은 제품이 나오고 소비자들도 행복감을 느낍니다. 그거야말로 샘표식품이 기업으로서 존재하는 이유죠."

오너 경영인인 박 사장은 "기업을 하는 목적이 돈을 버는 게 아니다"라고 말했다. 물론 무작정 돈을 써가면서 기업을 하겠다는 것도 아니다. 그저 하나의 기업으로서 기업이 속해 있는 사회에 나름대로 기여하겠다는 생각이다. 이런 기여의 대상이 꼭 한국이라야 하는 것

도 아니라고 했다. 기업 하는 목적을 이렇게 설정한 탓에 샘표는 성
장이 더뎠는지도 모른다. 사람으로 치면 고희를 넘긴 기업이 여전히
중견기업이다.

"우리나라 기업은 규모를 중시합니다. 그래서 기업인들이 심지어 돈
을 못 벌더라도 규모를 키우려고 합니다. 반면 서양에서는 돈을 많이
버는 걸 더 중시하죠. 그런데 기업을 하다보니 규모도, 돈도 그렇게
중요한 것 같지 않습니다. 물론 돈을 많이 벌면 할 수 있는 일의 폭이
넓어지기는 합니다. 하고 싶어도 일정한 규모가 되지 않으면 할 수
없는 일들이 있죠. 그러나 돈이든, 회사의 규모든 그 자체로는 의미
가 없다고 봅니다. 그동안 대기업 총수가 여럿 구속됐는데 일부는 규
모에 대한 망상에 젖어 자초한 일이라고 봐요. 사실 저도 처음 경영
을 맡았을 땐 돈 버는 게 전부인 줄 알았어요. 그런데 그런 생각으로
일을 하다보니 영 재미가 없더라고요. '내가 간장 장사 하겠다고 이
회사 경영을 맡았나' 하는 생각도 들고요. 그래서 저부터 회사 일 하
면서 행복했으면 좋겠다는 생각을 하게 됐습니다."

그는 "구성원들이 행복해지려면 회사가 가치 있는 일을 해야 한
다"고 덧붙였다. 사람은 스스로 가치 있는 일을 한다고 느낄 때 행복
하다. 샘표식품이 지역사회에 기여하는 것도 그래야 구성원들이 행
복하기 때문이다. 기업으로서 사회에 기여하는 것과 돈벌이를 과연

양립시킬 수 있을까? "지역사회에 꾸준히 많은 기여를 하다보면 그게 이익으로 돌아올 것"이라는 게 박 사장의 확고한 믿음이다.

## ■ '세상에 없던 제품'을 만들려면 상상력이 필요하다

샘표는 공장 내부를 일종의 문화공간으로 만들어놓았다. 이 '샘표 아트 프로젝트' 덕분에 무채색의 공장이 갤러리로 바뀌었다. 충북 오송에 있는 연구소인 '우리발효연구중심'을 설계할 땐 아예 갤러리 프로젝트를 병행했다. 박 사장은 이런 시도에 생산성을 높이려는 의도는 없었다고 말했다.

"구성원들이 감성적으로 풍부해질 수 있는 환경을 만들어주고 싶었습니다. 이런 환경에서 일하면 더 행복해 할 것 같았죠. 보통 사무실은 인테리어를 해도 공장은 잘 안 하지 않습니까? 그렇지 않아도 접하는 환경의 폭이 좁은 생산직에 대한 차별이라는 생각이 들어 작가들로 하여금 공장 벽에 그림을 그리게 했습니다. 연구원들이 상상력을 발휘해 '세상에 없던 제품'을 개발할 수 있게 새로 지은 연구소의 인테리어는 업자가 아니라 화가에게 맡겼고요. 작업이 다 끝난 다음 연구소에 가보고 나서 저 자신도 충격을 받았어요. 처음엔 낯설었지만 몇번 보니 좋아지더라고요. 사람들이 특히 몰리는 방을 보면 마음이 편하고 심리적으로 억누르는 게 없어요."

샘표가 만드는 '연두'가 바로 세상에 없던 제품이다. 엷은 색의 한
식 간장인데 나트륨 함량을 30% 이상 줄인 소금의 대체양념이다. 그
는 연두를 넣으면 다른 양념이 필요 없어 원가도 절감된다고 귀띔했
다. 이렇게 세상에 없던 제품을 내놓으려면 어떤 자극이 필요할까?

"상상력이죠. 상상력은 몰입에서 나옵니다. 마음을 억누르지 않는 근
무환경도 도움이 되겠죠. 제품을 만들어내는 건 과학적 프로세스지만
무엇을 만들 거냐는 예술의 영역입니다."

# 같은 냇물
# 두 번 못 건넌다

;

변치 않는 것은 모든 건 변한다는 이치 그 자체뿐이다.

◆ 한현숙 사장이 영국 유학 시절 여행길에서 만난 문장 ◆

한현숙 DIT 사장은 노루표페인트로 잘 알려진 대한페인트DPI의 전신 고故한정대 창업주의 장녀다. 그는 영국 유학 시절 여행길에서 인생 문장을 만났다. 바위에 새겨져 있던 '변치 않는 것은 모든 건 변한다 는 이치 그 자체뿐이다'라는 말이다. 어려서부터 아버지에게 '항상 순리에 따르라'는 이야기를 듣고 자랐던 스무 살의 한 사장은 그날을 기점으로 '세상은 변하게 마련이니 순리를 따른다는 건 변화에 적응 하는 것'이라는 생각에 이르렀다.

"부富의 역사도 변천합니다. '넝마주이에서 거부로rags to riches' 변신한 사람이 있지만, 그 반대인 사람도 있어요. 과거엔 '부자가 망해도 삼대는 간다'고 했는데 이제 당대에 나락으로 떨어지기도 해요. 그만큼 급변하는 시대를 살고 있는 거죠."

변화를 주도하는 사람들은 선택받은 소수다. 그러나 변화에 적응하는 건 모든 사람의 몫이다. 변화란 선택의 여지가 있는 옵션이 아니기 때문이다. 변화는 말처럼 쉬운 일이 아니다. 익숙한 것과의 결별은 누구에게나 상당한 비용을 청구한다.

남아프리카공화국의 첫 흑인 대통령이자 인권운동가였던 넬슨 만델라Nelson Mandela는 "세상에서 가장 어려운 일은 세상을 바꾸는 것이 아니라 당신 자신을 바꾸는 것이다"라고 말했다. 무려 27년간 복역한 그는 출옥해 대통령이 된 후 아파르트헤이트Apartheid, 남아프리카공화국의 극단적인 인종차별 정책과 제도가 빚은 350여 년에 걸친 인종분규를 종식시켰다. 나를 바꾸기란 그렇게 어려운데 그래도 바꿔야 하는 건, 그래야만 비로소 세상이 바뀌기 때문이다.

## ■ 시대의 변화에 뒤처지지도, 너무 앞서가지도 마라

세상이 변한다는 깨달음은 아주 오래된 것이다. 기원전 500년에 이미 "같은 냇물을 두 번 건널 수 없다"는 이야기가 회자됐다. 바로 되돌아서 다시 건너더라도 이미 같은 냇물이 아니다. 그 물은 나에게서 멀어져 벌써 저만치 가고 있기 때문이다.

이 시대의 거의 모든 변화는 정보통신기술ICT이 매개한다. 4차 산업혁명 시대를 맞아 빅데이터, 사물인터넷, 인공지능, 혼합현실MR 기술과 다른 지식의 융합으로 효율이 극대화되는 스마트팩토리smart factory, 제품 생산의 전 과정에 디지털 자동화 솔루션이 결합된 정보통신기술을 적용해 생산성과 품질 및 고객만족도를 향상시키는 지능형 생산공장를 우리는 목도하고 있다. DIT는 솔루션 전문 업체로서 새로운 ICT를 응용해야 하는 입장이지만, 새 ICT를 비즈니스모델에 접목하려면 상당한 시간과 금전이 투입되게 마련이다. 이때 너무 앞서가면 리스크를 떠안게 된다.

"변화의 속도도 중요합니다. 뒤처져서도 안 되지만, 빌 게이츠나 스티브 잡스처럼 변화를 주도하는 소수가 아니라면 기업 하는 사람은 고객이나 유저보다 딱 한 발짝만 앞서가야 해요."

한 사장은 과거 스마트폰이 처음 나왔을 때 5개를 시험 삼아 사용해보라고 직원들에게 나눠줬다. 클라이언트 쪽에서 스마트폰을 화제로 삼을 때 알아듣고 대응하도록 하기 위해서다. 고객보다 한 발짝 앞서가야 한다는 생각의 실천이다.

"비트코인Bitcoin 같은 암호화폐 때문에 블록체인blockchain이 많은 관심을 모았지만 아직까지 대기업 몇 곳 말고는 블록체인 기술을 활용해 성공한 사례가 그리 많지 않아요. 앞으로 은행 대출, 크라우드펀딩crowd funding 등 금융 분야에서 가장 먼저 블록체인의 발전을 보게 될 거예요. 일반 유저라면 굳이 새로운 기술을 전부 이해할 필요는 없다고 봅니다. 새로운 걸 배우고 처음 시도하는 일에 마음이 열려 있으면 돼요. 순리란 곧 미래에 우리가 나아갈 방향이라고 할 수 있습니다."

## ■ 무엇을 위해 변해야 하는가를 생각하라

2018년 3월에 타계한 세계적인 물리학자 스티븐 호킹Stephen Hawking은 '나는 변화를 원하는가'라는 질문은 무가치한 것이라고 말했다. 그는 '변해서 무엇이 되고 싶은가 그리고 어떻게 그렇게 될 수 있는가'라는 자문만이 진정한 질문이라고 주장했다.

DIT 직원들은 지난 18년간 매월 노숙자센터를 찾아 봉사활동을 벌였다. 이 회사가 일찍부터 사회공헌에 눈을 돌린 건 변화에 대한 감수성이 뛰어났기 때문이다.

사회공헌활동은 경영의 투명도를 높였다. 장학사업을 벌이는 양호 재단을 설립해 운영하면서 투명성을 강조하다보니 회사도 투명 경영을 하지 않을 수 없었다. 그 덕에 "DIT에 일을 맡기면 틀림없다"는 평판이 생겼다고 한다. 또 지속적인 사회공헌활동으로 기업 신뢰도가 높아져 직원 채용에 도움이 됐다. 사회공헌을 하는 회사라 응모했다는 지원자가 늘어났다.

한 사장은 노블레스 오블리주noblesse oblige에 대한 해석도 달라져야 한다고 말했다.

"아마도 높은 사회적 신분에 상응하는 도덕적 의무를 당사자들이 다하지 않았기에 이런 말이 생겼겠죠. 가진 자로서의 의무를 행하는 건 얼마를 가졌느냐보다 스스로 부자라고 생각하느냐 아니냐에 달렸다고 봅니다. 누구나 자기 수준과 처지에서 형편껏 베풀 수 있다는 생각입니다."

변화한다는 게 늘 새로움을 추구하는 것만도 아니다. 슬로시티slow city의 유행, 새로이 각광받는 느림의 미학처럼 '오래된 미래'를 재발견하는 것도 어엿한 변화다. 복고復古와 온고지신溫故知新처럼 변화의 방향은 미래가 아니라 과거를 가리킬 수도 있다. 기본으로 돌아가는 것이 변화일 수도 있다. 500여 년 전 종교개혁이 꼭 그랬다.

2015년 한 사장은 학교와 동창회의 추천으로 모교인 이화여고의 박물관장을 맡았다. 박물관의 운영과 전시기획은 안 해본 일이었다. 새로운 도전을 두려워한 적이 없지만 문외한이 개교 130주년 기념 전시 등 네 건의 주요 전시를 직접 기획하고 감독하는 동안 생각지 못한 여러 난관을 겪었다. 그는 본연의 업무와 병행하려 사이버상으로 외부와 교류할 수 있는 시스템을 구축했고, 몇 년 동안 방치됐던 박물관을 전체적으로 리노베이션했다. 정체성을 뚜렷이 하는 한편 교육역사박물관으로서의 이미지를 강화했다.

과거 취업포털 잡링크를 운영했던 그에게 젊은 세대에게 주는 조언을 구했다.

"요즘은 취업도 어렵지만, 취직 후 버티는 걸 젊은 사람들이 힘들어합니다. 제대로 된 조직이라면 아무리 힘들어도 반년 내지 1년은 견뎌야 합니다. 쉽게 다닐 수 있는 회사는 역설적으로 배울 게 없는 조직이에요. 자주 옮기는 사람은 기업도 잘 뽑지 않아요. 결국 소탐대실이 되기 십상이죠. 때로는 체력을 요구하는 도전도 필요합니다. '힘들기는 했지만 이제 못할 게 없을 것 같다'는 자신감이 생기거든요. 이런 자신감은 어려운 상황을 극복하는 힘이 됩니다."

Chapter 5

MINDFULNESS

CEO의
마음챙김

# 일과 삶에 의미를 부여해
# 헌신하라

;

## 잘살려면 누구나 소명감이 필요하다.

◆ **스펜서 존슨**Spencer Johnson, 『**선물**The Present』 **중에서** ◆

서정훈 제너럴바이오 대표는 몇 년 전 회사의 정체를 겪었다. 매출이 크게 늘어나 사업이 본궤도에 진입한 듯했을 때였다. 제너럴바이오 는 사회적기업social enterprise, 취약계층에게 사회서비스 또는 일자리를 제공하는 등 사회적 목적을 추구하면서 영업활동을 하는 기업이다. 처음엔 주위의 많은 사람이 그를 응원했다. 하지만 시간이 꽤 흘러 문득 돌아보니 혼자라는 생각이 들었다. 무엇이 어떻게 잘못된 것일까? 언제부터 문제가 생긴 걸까? 가야할 길이 이 길이 아닌가? 머릿속이 온통 엉킨 실타래 같고 가슴이 답답했다.

돌이켜보니 직원 등 회사 일로 만난 사람들과 회사 방침을 둘러싸고 견해차가 있었다. 이해관계의 충돌도 있었다. 다른 사회적기업가, 정부 쪽 사람들과도 이런저런 일로 부딪쳤다. 실적이야 더 열심히 뛰면 끌어올릴 수 있겠지만 관계의 문제는 그런 식으로 풀 수 있는 게 아니었다.

서 대표는 머리도 식힐 겸 양수리를 찾았다. 산길을 돌아 어느 카페에 자리를 잡았다. 혼자 앉아 있는 그에게 역시 혼자서 일하는 카페 사장이 다가와 『선물』이라는 책을 건넸다. 스펜서 존슨 박사가 쓴 이 책을 그는 10여 년 전 이미 읽었다. 당시에도 '소명召命'에 대해 언급한 문장이 마음에 와닿았다. "잘살려면 누구나 소명감이 필요하다."

이 말을 떠올리고 나니 더는 가만히 있을 수 없었다. 그는 자리에서 일어나 카페를 나섰다. 다음 날부터 다시 죽어라 뛰었다.


## ■ 열심히 하는 일, 삶의 모든 역할에 소명이 있다

한국의 사회적기업가는 태생적으로 외로울 수밖에 없다. 사회적기업을 경영하는 오너는 그래서 소명의식, 사명감이 필요하다고 서 대표는 말했다. 그는 소명이라는 말 자체가 사회적기업가와 잘 어울린다고 덧붙였다.

"누구나 살아가는 데 소명감이 필요합니다. 소명감을 느낄 때 비로소 우리 삶의 모든 것이 의미를 얻게 되죠. 저는 본래 사색형이라기보다 행동형 인간이에요. 그런데 사회적기업을 꾸리다보니 규모의 경제를 요구하는 시장경제 체제에서 살아남기가 쉽지 않더라고요."

그는 자신의 경영 철학과 방침을 잘 수긍하지 못하는 사람들에게 "바로 이런 경영이 나의 소명"이라고 말한다.

"이윤을 사회와 나누지 못하는 건 자본주의 자체의 속성 같습니다. 사회적기업가는 일반 기업인보다 평소 소명에 대해 열 배는 더 많이 생각할 거예요. 실제로 채용 등 인사, 조직 및 이익 관리, 사내문화와 기부에 이르기까지 회사의 모든 결정에 이런 생각이 영향을 미칩니다. 저는 우리 회사 구성원은 물론 우리 정부와 정치권, 대통령 탄핵을 끌어낸 시민들에게도 소명에 대해 생각해보라고 권하고 싶어요. 소명은 크고 위대한 것에만 해당하지 않습니다. 우리 주변의 작은 것에서 차분히 시작할 수 있어요."

서 대표는 LG전자 엔지니어 출신이다. 지금도 일주일에 100시간 이상 일하지만 그 시절에는 지독한 일중독자였다. 그렇게 사느라 아이가 천식으로 고생하는 걸 까맣게 몰랐다. 아이의 건강을 챙기려 전북 완주로 내려갔다. 밤하늘에 가득한 별을 본 순간 연고지도 아닌

그곳에 정착하기로 마음먹었다. 힘들긴 했지만 일이 잘 풀렸다. 취약계층을 고용한 것을 계기로 삼아 아예 사회적기업으로 전환했다.

"사회적기업도 세련되게 영리를 추구하고, 이익을 창출할 만큼 경쟁력을 갖춰야 합니다. 더욱이 장애인 · 취약계층 직원과 그 외 직원들을 잘 아울러 사업에 동참하게 만들려면 오너가 굳건한 의지는 물론 나름의 철학이 있어야 합니다. 그렇게 치열하게 살다보면 문득 힘들고 외로울 때가 있어요. 이때 '누구나 소명감이 필요하다'는 말이 저를 다독이고 다시 단단하게 만듭니다."

## ■ 아름다운 동행, 아름다운 가치창출을 위한 길

전북 완주에 자리 잡은 제너럴바이오는 친환경 주방·세탁세제 등 생활용품, 바이오식품, 기능성 화장품 등을 만든다. 구성원 중 장애인이 30%, 취약계층이 전체의 65%다. 이 회사는 주름살 개선용 화장품 리프팅겔을 독일의 유명 화장품 업체 클랍코스메틱KLAPP Cosmetics 사에 납품한다. 2015년엔 높은 점수로 글로벌 사회적기업 인증인 '비코프BCorp · Benefit Corporation'를 받았다. 당시 전 세계 1,400여 개의 비코프 인증 업체 중 7위에 랭크됐다. 고용노동부 인증 사회적기업 중 비코프 인증을 받은 회사는 지금도 소수다.

제너럴바이오는 유통 쪽으로도 진출했다. 그가 만든 공정 다단계 유통회사 지쿱은 국내 16곳에 캠퍼스라는 이름의 교육장을 마련했다. 웬만한 대도시엔 이 캠퍼스가 있다. 2017년엔 미국과 대만에 진출했고, 2018년부터는 아세안ASEAN 국가로의 시장 확대에 박차를 가하고 있다. 지쿱을 장차 글로벌 시장의 유통 강자로 키우는 게 서 대표의 꿈이다. 사회적 가치를 창출하는 공정 다단계 유통기업으로서, 큰 무대에서 겨뤄보고 싶다는 것이다. 그는 "일본과 중국, 중동을 제외하면 아시아권에서는 1등 할 자신이 있다"고 말했다.

그가 사업차 미국 한인사회를 찾았을 때의 일이다. 왠지 교민들이 의기소침해 보였다. 젊은 사람들은 현지인들이 둘러친 유리 천장에 부닥친 듯했다. 고등학교까지는 별 차별 없이 다녔지만 대학에 진학한 후 따돌림을 당했다고 말했다. 그들은 능력이 탁월한 일부를 제외하고는 졸업 후 괜찮은 직장을 잡지 못하고 있다고 털어놓았다. 서 대표는 그들에게 "지쿱을 통해 열심히 벌어 현지의 어려운 사람들에게 기부를 해보자"고 했다. 그러다보면 한인사회를 바라보는 시선이 바뀌지 않겠느냐고 설득했다.

한편 필리핀엔 기부문화 자체가 아예 없는 듯했다. 남부 지역에 태풍이 몰아쳐 큰 피해를 입었지만 현지 대기업들은 피해복구를 위해 한 푼도 내놓지 않았다. 그가 만나본 현지 젊은이들은 남 탓만 했다. 부모와 학교를 탓했고, 정부와 지자체에 대한 원망을 쏟아냈다. 그들에게 서 대표는 "남 탓할 시간에 일을 하든지 미래를 위한 공부를 해보라"고 권했다.

"지쿱 사람들의 30%는 우리 회사에서 일하기 전 네트워크마케팅에 종사했던 사람들입니다. 지쿱에 근무하면서부터 표정도 밝아지고 자존감과 삶의 질도 높아졌죠. 과거 일부 다단계 유통이 사회문제가 됐다면, 지쿱은 사회적 가치를 만들어내는 기업이기 때문이에요. 이들은 더 이상 네트워커도, 다단계꾼도 아니죠. 우리는 서로를 '지쿠퍼'라고 부릅니다."

서 대표가 입은 지쿠퍼 티셔츠엔 '소셜 이노베이터social innovator'라고 인쇄돼 있다. "우리는 혁신가라기보다 변화를 만들어내는 사람들이 되고 싶다"고 그는 말했다.

존슨 박사의 『선물』에서 가장 유명한 대목은 "현재present는 선물present"이라는 구절이다. 사람은 누구나 과거로부터 배워 미래를 설계한다. 과거와 미래를 잇는 현재라는 선물을 제대로 누리는 길은 현재의 삶을 충실히 살아내는 것이다. 그러려면 소명감이 필요하다.

인생은 고해苦海, 격랑이 몰아치는 고통의 바다다. 삶이란 누구에게나 고통스런 것이다. 책 속 화자인 노인은 젊은이에게 이렇게 말한다. "중요한 건 고통스런 상황을 겪을 때 그걸 피하려고 자꾸 다른 생각을 하지 말고, 그 고통에서 배움을 얻도록 노력하는 것이라네."

# 최선을 다하고
# 결과는 쿨하게 기다려라

；

진인사대천명盡人事待天命.

◆ 『삼국지三國志』의 고사에서 유래한 말 ◆

남민우 다산네트웍스 회장은 2000년대 벤처 붐을 이끈 대표적인 벤처 1세대다. 그는 자신이 벤처기업가 중 가장 많이 도전하고 실패도 많이 한 사람이라고 말한다.

남 회장은 1993년 유선통신장비를 제조하는 다산네트웍스 창업 후 망할 뻔했던 네 번의 위기를 딛고 다시 일어섰다. 이 회사의 주력 사업은 네트워크 통신장비 개발 및 생산이다. 프랑스, 일본, 베트남, 인도 등에 진출했고 2016년 나스닥 상장 통신장비 메이커인 존테크놀로지Zhone Technologies를 인수해 미국 시장에 진출했다.

2017년엔 프리미엄 스마트폰 '알파원'을 선보였다. 이탈리아 명품 브랜드 그룹 토니노 람보르기니와 손잡고 200만 원이 넘는 이 회사 제품의 마케팅에 나선 것이다. B2B<sup>Business to Business, 기업 간에 이뤄지는 전자</sup>상거래 기업의 B2C<sup>Business to Customer, 기업과 소비자 간에 이뤄지는 전자상거래</sup> 시장 진출 사례다. 글로벌 스마트폰 제조사 제품들로 시장은 이미 포화상태인데 '과연 먹힐까?' 하는 질문에 그는 명품 브랜드, 소재, 디자인 등으로 나만의 개성을 표현하고 싶어 하는 스몰 럭셔리<sup>small luxury</sup> 시장에선 경쟁력이 있다고 설명했다.


## ■ 공정 없이는 낙오되고, 성장 없이는 도태된다

2015년 2월까지 3년간 벤처기업협회장을 지낸 남 회장은 벤처기업들이 중견기업·대기업으로 성장하는 과정에서 로드맵이 잘 보이지 않는다고 말한다. 그는 기술·인력 탈취 같은 문제로 대기업이 한 번이라도 제대로 징계를 받은 적이 있느냐며 "대기업과 중소기업 간 갑을문화의 폐단이 여전히 심각하다"고 개탄했다.

"그러니 대기업이 아이디어가 뛰어난 벤처를 돈 주고 사들이기보다 아이디어를 베끼려는 겁니다. 벤처가 대기업과의 특허심판에서 한 번이라도 이긴 적 있나요? 우리나라 시장은 시장원리가 아니라 힘의 논리에 좌우됩니다. 페이스북이 직원수 10여 명의 사진공유 업체 인스

타그램을 12억 달러에 사들였는데, 과연 그 서비스를 할 줄 몰라서 그 랬을까요? 미국 사회의 풍토가 엄격해서 돈 주고 인수한 거예요. 우리도 그런 역사를 만들어가는 과정에 있고, 그 과정에서 정부의 심판 역할이 중요합니다.”

젊은 대기업이 많이 나와야 하는 건 어느 기업도 영속하지 않기 때문이다. 중소기업이 대기업에 진입하지 못하면 결국 국가 경제가 성장의 한계에 부닥칠 수밖에 없다.

한편 그는 CEO, 특히 창업 CEO에게 필요한 자질로 세 가지를 꼽았다. 하고 싶은 일을 이루고자 하는 열정, 배우려는 자세와 학습능력, 기업가로서 나름의 가치관이다. 기업가마다 가치관은 다양하다. 돈을 벌기 위해 기업을 운영하는 것은 가장 기본적이고, 그래서 흔한 가치관이다. 남 회장의 경우 “일자리를 지키고 늘려 더 많은 청년에게 일할 기회를 주는 것”이 기업을 경영하는 목적이라고 밝힌다.

다산네트웍스엔 비정규직이 없다. 하지만 그는 비정규직이 없다고 해서 자신이 매정하지 않은 경영자라는 뜻은 아니라고 귀띔했다. “끊임없이 성과를 평가해 5% 정도는 도태시키는 것이 시장에서 강한 회사가 된 비결”이라는 것이다.

“저한테 중요한 건 우리 구성원의 일자리일 뿐, 누구나 정규직이 보장되는 직장은 아니에요. 실적이 좋아야 일자리를 유지하고 나아가 고용을 더 늘릴 수 있죠. 이 점에서 일자리 문제는 최고경영자뿐 아니라 구성원들에게도 달렸습니다. 이런 가치관을 구성원들과 공유하려 합니다."

## ■ 모든 것을 채우고, 그다음 비워라

'진인사대천명사람이 할 수 있는 일을 다 하고 하늘의 뜻을 기다리라', 『삼국지』에서 유래한 말이다. 중국 삼국시대 적벽대전赤壁大戰 당시 촉나라 관우는 화용도에서 오·촉 연합군에 포위된 위나라 조조를 죽이지 않고 길을 내준다. 조조를 죽이라는 제갈량의 명령을 어긴 것이다. 그를 참수하려는 제갈량에게 유비가 구명을 간청한다. 이때 제갈량이 한 말이 '수인사대천명修人事待天命'이다. "천문을 보니 조조는 아직 죽을 운명이 아닙니다. 그저 일전에 조조에게 입은 은혜를 갚게 하려고 관우를 보냈을 뿐입니다. 제가 사람의 힘으로 할 수 있는 일을 다 하더라도 사람의 목숨은 하늘의 뜻에 달렸죠. 하늘의 명을 기다릴 따름입니다."

남 회장은 이 고사처럼 "천명天命이란 자연의 섭리, 종교적으로는 신의 섭리 같은 것"이라고 말했다.

"1989년 대우자동차기술연구소를 그만두고 한 중소기업에 몸담았습니다. 온실 속 화초처럼 대기업에 안주하다 나오니 세상 사람들이 참 다종다양하더군요. 게임의 룰이 반드시 지켜지는 것도 아니었어요. 무엇보다 그 누구도 성공은커녕 생존을 보장해주지 않았습니다. 그래서 최선을 다하고 결과가 어떻게 나오든 그대로 겸허하게 받아들이기로 마음먹었습니다. 바로 진인사대천명의 자세죠."

그는 글씨 잘 쓰는 사람에게 부탁해 이 글귀'盡人事待天命'를 휘호한 액자를 만들어 집 거실에 걸어두었다. 자녀들이 방을 나서면 바로 눈에 띄는 자리였다. 딸·아들이 이 말을 가슴에 새겼으면 하는 마음에서였다고 한다.

"달도 차면 기울고 바람이나 조류도 때가 되면 방향이 바뀝니다. 일시적이라면 몰라도 이렇게 바뀌는 세상의 흐름을 거슬러 살아가기는 참 힘들죠. 결국 바람이 부는 방향과 시대의 조류를 살피면서 인생행로를 정하는 게 현명하다는 생각을 하게 됐습니다."

바람의 방향, 시대의 조류란 말하자면 주어진 조건이다. 최선이란 이렇듯 주어진 조건에 맞춰 제대로 대처하는 것이다. 여건을 감안하지 않은 최선은 자못 공허하다. 여건 안에서 최선을 다했다면 또 결과에 연연하지 않을 일이다. 바꿔 말하면 결과를 떠나 '올인all in' 하는 것이야말로 명실상부한 최선이다.

남 회장은 최선을 다하는 것만으로도 의미가 있다고 말했다. 최선을 다하면 인생이 바뀌고 세상이 달라진다는 것이다. 시차가 있을 순 있겠지만 언젠가는 목표를 성취한다고 역설했다. 그렇더라도 묵묵히 하늘의 명을 기다리기란 쉽지 않다. 어떻게 해야 할까?

"나를 비울 줄 알아야 합니다. 내가 추구하는 가치가 참으로 고귀하고 내가 세운 목표를 달성하는 게 절대적으로 중요할 수도 있습니다. 그렇더라도 결과에 초연해야 진정으로 강한 인간이죠. 최선을 다하고 나머지는 자연의 섭리에 맡기는 것, 무위無爲의 도를 아는 사람이야말로 스마트하지 않습니까?"

남 회장의 좌우명인 '진인사대천명'과 함께 되새길 만한 지미 카터 전 미국 대통령의 일화가 있다.

카터는 젊은 날 해군사관학교를 우수한 성적으로 졸업한 후 해군에 복무했다. 해군 대위 시절 원자력잠수함 요원을 선발하는 면접시험에서 그는 훗날 미 해군 사상 최장기간 복무한 제독으로 기록되는 하이먼 리코버Hyman Rickover를 운명적으로 만난다. 당시 리코버 대령은 카터에게 사관학교 시절 성적에 대해 물어봤다. 카터는 "820명 중 59등 했습니다"라고 대답했다. 그러자 대령이 물었다. "귀관은 최선을 다했는가?"

뜻밖의 질문이었다. "그렇습니다"라고 즉답한 카터는 곧바로 "항상 최선을 다하지는 않은 것 같습니다"라고 번복했다. 잠시 침묵이 흘렀다. 대령이 카터를 응시하며 다시 물었다. "왜 최선을 다하지 않았는가?Why not?"

"Why not the best?" 이 말은 카터의 인생 문장이 됐다. 잠수함 요원에 선발된 카터는 그 후 정치에 입문해 조지아 주 상원의원과 주지사를 거쳐 39대 미국 대통령에 당선된다. 『최선을 다하는 삶Why not the best?』은 그의 자서전 제목이기도 하다.

삶의 길목에서 나는 최선을 다했는지 때때로 자문해보고, 그러지 않았다 싶을 때면 스스로에게 다시 물어야 한다. "Why not?"

# 행복을 줄 때
# 가장 행복하다

;

사람은 스스로 만족하는 삶을 살 때만 행복하다. 다른 이들을
행복하게 할 때의 기쁨보다 더 큰 것이 세상에 있을까?

◆ 벤저민 프랭클린Benjamin Franklin, 『덕의 기술The Art of Virtue』 중에서 ◆

구학서 신세계 고문의 브랜드는 윤리 경영이다. 16년간 신세계를 경
영한 그는 IMF 위기를 극복해나가던 시절, 다른 기업보다 한발 앞서
윤리 경영을 도입했다.

구 고문은 기업이 윤리 경영을 하면 노사갈등이 줄어든다고 말한
다. 구성원들이 회사가 내놓은 숫자를 잘 신뢰하지 않는 건 회사가
투명 경영을 제대로 하지 않기 때문이라는 게 그의 생각이다. 경영
현황을 구성원에게 100% 오픈하고 그래서 노사 간에 신뢰가 생기면
노조도 합리적으로 판단한다는 것이다. 아울러 윤리 경영을 하면 인
력의 질도 높아진다고 역설한다. 윤리의식이 높은 양질의 사람들이

들어와 전체 직원들의 윤리적 마인드가 높아지는 선순환이 일어난다는 게 이런 주장의 근거다.

"신세계가 윤리 경영을 한 후 실적이 굉장히 좋아졌습니다. 최소한 그 절반이 윤리 경영 덕이라고 봅니다. 저는 '윤리적인 것이 가장 강하다'고 생각해요. 말을 안 할 뿐 어쩌면 누구나 알고 있는 사실인지도 몰라요. 각종 선거 때 보면 확실히 알 수 있죠. 많은 후보자가 경쟁자의 병역비리나 부동산투기 같은 윤리적인 흠집을 찾아내려 하고, 이런 흠집이 실제로 선거이슈가 됩니다. 선거에 나선 후보들이 이렇게 상대방을 검증하는 데 많은 시간을 쏟는 건 일면 합리적인 행동이에요. 윤리적인 사람이 더 강하다는 주장을 뒷받침하는 방증이라고 할 수 있죠."

그의 인생 좌우명은 "사람은 나로 인해 다른 사람이 행복을 느낄 때 가장 행복하다"이다. 벤저민 프랭클린이 쓴 『덕의 기술』에 나오는 문장이다.

"최고의 행복이란 남을 행복하게 해주는 것이라는 얘기죠. 이게 바로 봉사와 희생의 원리입니다. 사람은 스스로 행복해지기 위해 봉사도 하고 자기희생도 하는 존재죠. 어떻게 보면 봉사활동도 이기적인 동기에서 하는 겁니다. 남들은 고행으로 여길지 몰라도 자신이 즐겁고 행복하니까 하는 거예요.”


## ■ 혼자만 잘살면 아무 가치도 없는 삶이다

　벤저민 프랭클린은 미국 건국의 아버지 중 한 사람이다. 그가 강
조한 덕목들은 오늘날 여러 자기계발 이론의 근간을 이룬다. 절제,
침묵, 질서, 결단, 검약, 근면, 성실, 정의, 온건, 청결, 침착, 순결, 겸
손 등을 중시한 그는 “배부르도록 먹지 마라”, “쓸데없는 말은 피하
라”, “결심한 것은 꼭 이행하라”, “말과 행동을 일치시키라” 등 구체
적인 실천지침을 제안했고, 이행 여부를 확인하는 체크리스트까지
만들었다.

　프랭클린은 성선설性善說을 받아들였다. 그래서 인간은 착한 행동을
할 때 행복을 느낀다고 봤는지도 모른다. 착한 행동 중 으뜸은 남을
행복하게 해주는 것이다. 이런 생각은 기독교의 윤리관인 황금률과
맞닿아 있다. 예수는 산상수훈山上垂訓, 예수가 산 위에서 한 설교. 「마태복음」 5~7장
에 기록돼 있다을 통해 “남에게 대접받고자 하는 대로 남을 대접하라”고
가르쳤다.

　신세계 구성원들은 구 고문의 회장 재직 시절 1년에 한 번 그의 강
의를 들었다. 이때 윤리 경영에 대한 교육이 빠지지 않았다. 그는 강
의에서 늘 “사람은 나로 인해 다른 사람이 행복을 느낄 때 가장 행복

하다"는 문장을 소개했다. 대학 특강 때도 프랭클린의 이 말을 자주 인용한다. 신세계 계열사 CEO 중엔 당시 『덕의 기술』을 단체 구매해 직원들에게 나눠준 사람도 있다.

뜻은 좋은데, 이 문장을 인생 실전엔 어떻게 적용할 수 있을까? 결혼의 중요한 목적은 행복이다. 성공하기를 바라 결혼하는 사람은 극히 드물다. 누구나 결혼하면 행복하기를 바란다. 결혼한 사람들은 자신으로 인해 배우자가 행복감을 맛볼 때 행복해진다. 구 고문은 "이런 마음을 품고 살아간다면 부부 모두 행복하지 않겠느냐"고 말했다. 결혼식 주례사로 딱 맞을 이야기다.

> "친구 사이도 마찬가지예요. 여유 있는 친구가 어려운 처지의 친구를 도왔다고 칩시다. 도운 쪽이 도움받은 쪽보다 더 행복할 겁니다. 물론 도움받은 사람도 문제가 해결됐으니 좋아하겠죠."

## ■ 선행善行의 능력을 키우는 것보다 위대한 일은 없다

미국의 100달러짜리 지폐엔 벤저민 프랭클린의 초상이 그려져 있다. 정치인이자 사상가, 과학자였지만 그의 묘비엔 '인쇄업자 프랭클린'이라고 새겨졌다. 구 고문은 "미국 지폐에 등장하는 사람이 여럿이지만 프랭클린은 차원이 다른 인물"이라고 평가했다.

프랭클린은 1706년 보스턴에서 슬하에 열일곱 남매를 둔 가난한 양초 제조업자의 막내아들로 태어났다. 열두 살에 인쇄공으로 도제 생활을 시작하느라 정규교육은 2년밖에 못 받았다. 한때 전기를 연구하다가 감전되기도 했고, 실험에 실패해 조롱을 당하기도 했다.

1752년 낙뢰 피해를 막을 수 있는 피뢰침을 발명했지만 그는 특허를 출원하지 않았다. 많은 사람이 무상으로 자신이 발명한 기술을 이용하도록 하기 위해서다. 말하자면 거의 270년 전에 오픈소스open source의 정신을 실천한 것이다. 구 고문은 "특허를 내고 기업을 세웠다면 GE 같은 큰 회사의 오너가 됐을 것"이라고 말했다.

남을 돕는 행복을 언제 직접 경험하느냐는 질문에 구 고문은 "기부를 좀 많이 하는 편"이라고 답했다. 과거 그가 주도해 윤리 경영을 실천하는 신세계 구성원 역시 93%가 매월 2,000원에서 몇 십만 원씩 기부를 한다. 그러면 회사가 같은 액수의 돈을 후원한다. 기부를 생활화하도록 하기 위해 도입한 '매칭그랜트' 제도다.

그는 한국인 등 동양사람보다 서양사람들이 기부와 봉사에 적극적이라고 말했다. 몇 년 전 기부 물품을 전달하기 위해 충북 청주의 한 수녀원을 찾았을 때의 일이다. 남의 나라에 와서 무의탁 노인을 돕는 외국인 수녀들에게 노인들의 이불 빨래는 누가 해주느냐고 물었다. 뜻밖에도 인근에 있는 미군 부대 장교들이 주말에 단체로 몰려와 해준다는 답이 돌아왔다.

"미군 장교들도 주말에 얼마나 놀고 싶겠습니까? 더러운 이불 빨래가 노는 즐거움과는 거리가 있지만 나름대로 보람이 있으니까, 하고 나면 행복해지니까 하는 거겠죠. 오드리 헵번 같은 은막의 스타도 봉사를 몸으로 실천하면서 진정한 행복을 느꼈던 게 아닐까요? 남을 행복하게 해주는 게 나의 행복이라고 모든 사람이 받아들인다면 사회가 얼마나 밝아지겠어요?"

구 고문의 롤모델은 마이크로소프트 창업주인 빌 게이츠Bill Gates다. 성공한 사업가라서가 아니다. 비교적 젊은 나이에 현직에서 은퇴해 사회공헌활동에 매진하는 점을 높이 평가해서다.

"세상에서 은퇴의 기술이 가장 어렵다고 합니다. 기업을 운영하다보면 잘되면 잘되는 대로, 안 되면 안 되는 대로 욕망이 끊임없이 샘솟거든요. 우리나라도 자식에게 재산을 물려주기보다 선진국처럼 기부에 힘써야 합니다. 그러면 부자도 존경받는 사회가 될 거예요. 자기 자식한테 많이 물려주는 건 자식에게서 성취동기를 빼앗는 거나 다름없어요."

# 모든 현실은
# 마음이 지어내는 것

**"**

일체유심조一切唯心造.

◆ 불교 경전 『화엄경華嚴經』에 수록된 부처의 가르침 ◆

이랑주 라마레따 총괄아트디렉터는 2016년 12월 프랑스 파리에 있었다. 지인들과 시장조사차 떠난 해외여행은 하루 2만 보를 걷는 강행군이었다. 파리의 겨울 날씨가 주삿바늘처럼 뼛속을 파고들었다. 다리는 퉁퉁 부었고 발가락엔 물집이 생겼다. 초점 잃은 눈에 빨간 가방 케이크가 들어왔다. 쁘렝땅백화점 안 카페였다.

  너무 지쳐서 멋진 상품들을 보고도 감탄사가 나오지 않았는데 그 케이크를 먹고 나면 힘이 솟을 것 같았다. 일행과 함께 마법에 걸린 듯 매장으로 빨려 들어가 케이크를 주문했다. 말끔한 정장 차림에 흰 장갑을 낀 푸른 눈의 점원이 부드러운 미소를 지었다. 고급 호텔 근무자보다 정중했고 눈빛은 따뜻했다. 그래서일까, 명품관에서 본 고가의 명품 백보다 빨간 가방 케이크가 더 가치 있게 느껴졌다.

"낯선 땅 파리에서 한 조각 케이크를 먹은 게 아니라 부드러운 생크림 같은 '존중'을 경험했습니다. 제가 겪은 존중의 경험을 사람들에게 전해주고 싶어졌어요."

귀국 후 지인들에게 빨간 가방 케이크를 파는 카페를 차리고 싶다고 말했다. 사람들은 이 카페가 한국에서 불가능한 이유를 100가지쯤 말해줬다. 우선 한국은 프랑스와 문화가 달라 하루에 한두 개 팔기도 쉽지 않을 거라고 했다. 누군가는 빨간 가방 케이크가 보기는 좋지만 과연 사람들이 먹으려 들겠느냐고 반문했다. 케이크 장인은 그렇게 진한 빨간색을 내려면 천연색소 말고 몸에 좋지 않은 인공색소를 써야 한다고 말했다. 무엇보다 가방 모양의 금형을 뜨려면 막대한 비용이 들었다.

한 달이라는 아까운 시간이 흘렀다. 각각 다른 사업을 하는 여섯 명의 대표와 일본으로 시장조사를 떠났다. 다른 때처럼 나중에 소상공인들과 공유하려 아이디어와 영감을 주는 매장이 눈에 띄면 동영상으로 찍었다. 매장 공간에 들어설 때 받은 느낌, 해당 매장의 장단점을 음성으로 영상에 남겼다.

이때 동행한 이정교 로사퍼시픽 대표가 불쑥 말을 걸었다. "당신의 아이디어와 노하우가 담긴 그 휴대전화, 저에게 1억 원에 파시죠. 제 눈엔 1,000억 원의 가치가 있는 보물 같습니다."


## ◢ 아름다움을 파는 카페를 열다

로사퍼시픽은 2013년에 설립된 작은 기업이다. 온라인에서 화장품, 샴푸, 치아미백 제품, 향수, 디퓨저 등 뷰티 관련 제품을 판다. 이정교 대표는 이랑주 디렉터에게 휴대전화를 그대로 들고 와서 자기와 일해보자고 제안했다. 라마레따 사업 아이디어를 꼭 성공시켜보겠다고 덧붙였다. 국내 첫 뷰티카페 라마레따가 본격적으로 태동하는 순간이었다. 라마레따는 스페인어로 '그녀의 가방'이라는 뜻이다.

두 사람은 귀국길 비행기에서 신문을 펼쳐 그 위에 나란히 이름을 쓰고 사인을 했다. '기상機上 결의'였다.

"제 가치를 알아봐준 것이 가장 고마웠어요. '선비는 자신을 알아주는 사람을 위해 목숨을 바치고, 여자는 자신을 사랑해주는 사람을 위해 단장을 한다士爲知己者死 女爲說己者容'고 하죠."

이랑주 디렉터는 귀국 넉 달 만에 빨간 가방 케이크를 파는 카페를 차렸다. 파리에서 들은 마음의 소리를 믿었기에 가능했던 일이다.

개점까지 과정은 쉽지 않았다. 당초 인테리어 업자는 주스 가게였던 점포를 카페 매장으로 개조하는 데 4,000만 원이 든다고 말했다. 그는 전원 이십 대인 10명의 로사퍼시픽 직원과 의기투합해 비용을 10분의 1로 절감해보기로 했다. 온라인 회사에서 일하던 직원들이 주방을 줄이고 매장을 넓히느라 전선을 새로 설치하는 오프라인 작업을 했다.

실제 들어간 비용은 견적가의 20분의 1이 채 안 되는 195만 원이었다. 직원 중 스물세 살 막내인 이혜림 씨가 하루 100번씩 손글씨로 '라마레따 하루 매출 1,000만 원 달성'이라고 쓴 지 100일 되는 날, 라마레따가 서울 논현동에서 문을 열었다.

"아름다움을 파는 카페로 만들어갈 겁니다. 온라인 판매에 주력하되 오프라인에서 브랜드의 가치를 경험하게 하려고요. 43제곱미터 <sup>약 13평</sup>짜리 작은 매장이지만 여기에 좋은 것, 가치 있는 것들을 담을 겁니다."

## ◾ 늙는 건 피할 수 없어도 낡지는 말아야

이랑주 디렉터는 학창 시절 집안 형편이 어려웠다. 여상을 나왔지만 주판에 약해 은행 취업을 포기했다. 전문대 디자인과에 진학한 후

각고의 노력으로 수석 졸업했다. 세 번 취업사기를 당한 끝에 계약직으로 들어간 이랜드에서 그는 마침내 능력을 인정받았다. 백화점으로 자리를 옮겼는데 이번엔 전문대 출신이라고 동료들이 무시했다.

"말 없는 질시의 눈빛에 마음이 많이 아팠습니다. 그 결핍을 채우려 늦깎이로 공부해 서른일곱에 박사학위를 받았어요. 그러고 나니 비로소 다른 사람들의 결핍이 눈에 보였습니다."

그는 "사람의 아름다움은 내면, 외면, 영혼의 3박자가 맞아떨어질 때 밖으로 표출된다"고 주장했다. "내면과 외면은 각각 먹은 것과 가꾼 것의 표현, 영혼은 독서와 철학적 사색으로 얻은 지혜의 결정체"라고 덧붙였다.

"지천명을 바라보는 나이지만, 이 세 요소가 균형 잡힌 아름다움을 파는 새로운 카페를 만드는 꿈을 꿉니다. 늙어가는 건 피할 수 없지만 사람이 낡아지면 안 되잖아요?"

2017년까지 이랑주 디렉터가 대표로 있던 스타일공유는 소상공인의 성공을 돕는 전통시장 지킴이였다. 그는 10년 단위로 한 분야에 깊이 천착했다. 백화점과 시장통에서 각각 10년씩 한 우물을 팠다. 백화점 '비주얼 머천다이저VMD' 출신인 그가 2005년에 시장 상인을 대상으로 강의를 해달라는 중소기업청의 요청을 받고 독립해 이랑주 VMD연구소를 차린 것도 그래서다. 그렇게 하나의 우물이 만들어지면 후배들에게 넘기고 새로운 우물을 찾아 나섰다.

세계 40개국 150여 개 전통시장을 섭렵한 그를 시장 상인들은 '길 위의 여왕'이라고 부른다. 그만큼 오프라인에 강점이 특화되어 있었다. 소상공인을 도울 때도 오프라인 매장에 대한 조언을 주로 했다. 하지만 그 자리에 머물지 않기로 결심했다.

2017년 이랑주 디렉터는 소상공인을 위한 VMD전략을 다듬어『좋아 보이는 것들의 비밀』을 출간했다. 부제는 '보는 순간 사고 싶게 만드는 9가지 법칙'이다. 그는 "600만 소상공인에게 온·오프를 결합한 새로운 비즈니스모델에 대한 컨설팅을 해주고 싶다"고 포부를 밝혔다.

"새 우물 파는 게 제 팔자인가봐요. 깊이 판 우물도 지속적으로 새로움을 더하지 않으면 물이 썩거나 맛이 변질됩니다. 스무 살 아래 직원들과 함께 일하면서 온라인 시장환경에 대해 열심히 배웠죠. 10년 만에 온라인이라는 새 우물을 파려니 체력도 아이디어도 달리지만 그래도 신나고 재미있어요."

깊은 밤 오래된 무덤가에서 해골에 괸 물을 잠결에 마신 원효대사는 아침에 일어나 비로소 깨달았다. "이 세상의 온갖 현상은 모두 사람의 마음에서 일어난다. 모든 법은 오직 인식일 뿐이다. 마음 바깥에 법이 없는데 어찌 따로 구할 필요가 있겠는가三界唯心 萬法唯識 心外無法 胡用別求." 불교 화엄종華嚴宗의 중심 사상인 일체유심조다.

이랑주 디렉터는 "세상 모든 것이 우리가 마음먹기에 달렸다"고 말한다. 마음을 먹으려면 우선 마음이 하는 소리에 귀 기울이고 그 말을 믿어야 한다.

"사람들은 저에게 우리나라에서 빨간 가방 케이크를 파는 건 불가능하다고 말했습니다. 누군가는 그 나이에 하던 일이나 잘하라고 했죠. 물론 라마레따를 열기 전이 더 편했고 여전히 누리고 살고픈 유혹을 받아요. 하지만 세상 모든 것은 마음이 지어내는 거래요. 그렇게 믿기에 10년 만에 다시 마음을 다잡습니다."

# 일하는 과정이 곧
# 매일의 보너스다

;

## The journey is the reward.

◆ 애플 창업자 스티브 잡스Steve Jobs가 한 말 ◆

최명화&파트너스의 최명화 대표는 2016년 초까지 현대자동차 마케팅전략실장으로 있었다. 매킨지McKinsey 마케팅컨설턴트를 거쳐 두산그룹 브랜드총괄전무를 지냈고, LG전자 시절엔 최연소 여성 상무였다. 마케팅계 파워우먼인 그는 현대차 퇴사 후 일곱 명의 파트너와 교육·컨설팅회사 최명화&파트너스를 창업했다. 현재 마케팅 임원 양성 과정인 CMO캠퍼스를 운영 중이다.

최 대표는 스티브 잡스가 말한 "The journey is the reward인생이라는 여행길은 여정 그 자체가 보상이다"를 자신의 인생 문장으로 꼽았다. 여행을 한 결과 목적지에 도착했다는 사실이 보상이 아니라, 목적지로 향하는 과정 그 자체가 인생에 주어지는 보상이라는 이야기다. 그는 새 일을 시작할 때, 새로운 환경에 적응해야 할 때도 이런 마인드로 무장할 필요가 있다고 말했다. 스스로에게 '여정旅程이 곧 보상'이라는 주술을 걸어보라고 했다.

"잡스가 세상을 떠난 2011년 가을, 그의 책을 다시 읽었는데 이 문장이 제 마음으로 들어왔습니다. 현대자동차에 첫 여성 임원으로 몸담은 후 팍팍한 새 조직문화에 적응하느라 힘들 때였죠. 그 시절 하루하루 성과에 연연하는 삶을 살았다면 퍽 고통스러웠을 거예요. 연봉, 승진, 내가 주도해 만든 광고의 시청률 같은 결과를 잣대로 삼았다면 특별한 의미를 찾기 어려운 날이 꽤 많았기 때문이죠. 그럴 때마다 여정이 곧 보상이라고 스스로에게 주술을 걸듯 되새겼습니다. 그러면 만족감, 자존감 같은 보상의 총화도 커집니다. 내일도 보장된 새로운 보상에 대한 희망을 품을 수 있고, 오늘의 여정 자체에 집중하게 돼 궁극적으로 결과도 좋아지죠."

조직생활도 비즈니스도 부침浮沈이 반복되고 긴 승부를 걸어야 하는 일종의 게임이다. 하루하루의 성과에 일희일비했다가는 지치고, 장벽에 부닥쳤을 때 나가떨어질 수도 있다. 이때 결과가 아니라 과정 자체를 보상으로 받아들이면 봉급과 별개로 매일 보너스를 받는 셈이라고 해석할 수 있다. 이런 자세로 일할 때 일의 완결성도 높아진다.

"사실 내일 일은 누구도 모르는 거예요. 아무도 부인할 수 없는 절대적 명제죠. 일정한 투입이 결과를 보장하지도 않고, 투입한 결과가 그 크기를 떠나 내 기대와 다를 때도 많습니다. 더욱이 환율변동 같은 외부환경의 변화는 정확히 예측할 수도, 통제할 수도 없어요. 우리가 오늘의 일과를 보상이라고 받아들여야 할 이유죠."

## ■ 셀프 멘토링이 기적 같은 삶을 만든다

최 대표는 큰 조직을 떠나 창업하고 나서 여정이 곧 보상이라는 말의 의미가 더 와닿았다고 말했다. 창업 초기는 보통 성과가 제대로 나지 않는 시간이다. 이런 때일수록 과정에 가치를 부여하면 결과보다 관계에 집중하게 되고 현장에서 벌어지는 매일의 일상을 감사하는 마음으로 받아들이게 된다는 것이다.

"더 많은 여성 기업 리더를 만들어보겠다는 우리 회사의 목표는 사실 막막하고 정부 차원의 도움도 없습니다. 부침이 심하고, 어떻게 보면 일곱 명의 파트너가 서로 공유하는 비전일 뿐이죠. 하지만 다행히도 젊은 여성들이 기성세대보다 더 적극적이에요. 기성세대가 성과의 유무로 판단한다는 점에서 이분법적이라면 젊은 세대는 훨씬 다양한 가치를 추구합니다. 일례로 어떤 젊은이는 평범한 직장인이지만 페이스북 스타에, 스노보드 동호회의 열혈 회원이죠. 다양한 보상에 익숙하다고 할까요? 이런 자세는 제가 젊은이들에게서 도리어 배웁니다."

일확천금도 없고 신분상승도 기대하기 힘든 시대라 '인생 여정은 성과를 내기 위한 투입이 아니라 그 자체가 보상'이라는 마인드가 더 필요할지도 모른다. 그는 현대차 시절을 돌아보더라도 고액 연봉, 승진, 팀의 확대보다 첫 출근과 첫 회식, 마케팅을 통해 시장에서 얻은 좋은 반응, 만족스러웠던 첫 회의, 마음을 나눈 워크숍, 회사를 떠나려는 직원을 설득해 남게 한 일 같은 것이 더 큰 보상이었다고 말했다. 이런 일상적인 보상의 특징은 나보다 남에게 시선이 향하는 것이다.
사실 이런 보상은 고액 연봉의 증권사 딜러나 저임금의 마트 계약직이나 공평하다. 성과에 대한 보상의 크기가 작은 사람은 이렇게 매일 보상받지 못하면 상대적 박탈감에 우울해질 수밖에 없을 것이다. 반면 관점을 이렇게 바꾸면 미국 나사NASA에서 청소 일을 하는 사람도 우주비행사를 우주에 보내는 것으로 자신이 하는 일의 목적을 재해석할 수 있다. 이런 비전을 품을 때 기적과도 같은 삶이 펼쳐진다.
성공이라는 목표에 집착하면 인생이 고달프고, 성공을 향해 질주하다 도중에 나가떨어지기도 쉽다. 그러나 과정을 보상으로 받아들이면 미래로의 여정을 더 알차게 짤 수 있다. 성과에 연연하지 않기 때문이다. 나아가 시행착오에 대해서조차 학습이라는 보상을 기대할 수 있다. "세 사람이 길을 가면 그중의 반드시 스승이 있다三人行必有我

師"는 말에서 세 사람 중 한 명은 바로 자신일 것이다. 여정을 보상으로 받아들이면 지금의 내가 미래의 나의 스승이 될 수 있다. 셀프 멘토링이다. 어느 날 스스로 괄목상대刮目相對할 수도 있을 것이다. 말하자면 눈을 비비고 상대방을 보는 게 아니라 나 자신의 성장에 스스로 기꺼워할 수 있다.

"서울의 이름난 새 명소들을 디자인한 벤처기업가를 알고 지내는데, 몇 년 전만 해도 국제전자센터의 작은 방에서 숱한 고생을 한 분이죠. 하지만 지금은 신세계·롯데 등 유통 대기업이 앞다퉈 그분과 작업하려고 합니다. 저 역시 그분의 헝그리 정신, 야망을 향해 달리는 열정, 일의 전 과정에서 완벽함을 추구하는 자세에 깊은 인상을 받았어요. 그런 마음가짐을 제 일에도 적용해보고 싶었습니다. 그래서 저는 매일 결산을 합니다. 좋은 일도, 나쁜 일도 다 보상이 따라요. 예를 들어 우리가 요구한 대로 협력 업체가 일을 하지 않았을 때는 '커뮤니케이션을 잘못하면 그 대가를 치른다'는 교훈을 얻는 식이죠. 한 출판사 여사장과 얼마 전 점심을 같이하며 이런 이야기를 나눴죠. 헤어진 지 몇 시간 만에 전화가 왔어요. 자기는 한 5년 빡세게 일해 큰돈을 번 후 은퇴하려 했는데 오늘 이야기를 듣고 생각을 달리하게 됐다고 하더군요."

## ■ 고성과가 아닌 '위대한 결과'를 목표로 하라

여정이 보상이라는 생각이 자칫 '루저의 변辯'이 될 수도 있지 않을
까? 성과가 잘 나오지 않을 것에 대한 두려움 때문에 저성과자가 이
렇게 자기정당화를 할 수도 있지 않을까?

"성과를 떠나 새로운 것에 눈뜨고 새로운 생각으로 무장하고 싶어요.
여정이 보상이라야 더 치열하게 일하고 결과가 더 '위대'해집니다. 물
론 대기업 시절의 엄청난 연봉이 저의 목적이었다면 지금 이 일을 못
하겠죠. 이 일에 동기부여 자체가 되지 않을 겁니다. 하지만 저는 이
일이 재미있고 신납니다. 일할 때의 재미와 일을 통해 나누는 재미가
연봉이 고점이던 시절의 총보상보다 커요. 무엇보다 이 일은 제가 죽
을 때까지 할 수 있습니다."

최 대표의 마음에 자리 잡은 이 한 문장은 세컨드라이프second life
를 앞둔 사람들에게 더 유용해 보인다. 은퇴 후 삶에 주어지는 보상
의 객관적인 크기는 아무래도 전성기보다 작아질 것이기 때문이다.
과정을 보상으로 받아들이면 100세 시대를 맞아 인생이라는 여정이
길어질수록 총체적 보상도 커지게 마련이다.

"인생의 최종적인 결과는 죽음입니다. 죽음을 향해 가는 여정 그 자

체가 보상이 아니라면 인생 참 허망하죠. 오늘은 더 나은 내일을 위한 희생 제물이 아니라 나를 위해 마련된 최고의 선물입니다. 이게 삶의 진실이라고 봅니다. 오늘의 완결성을 추구해야 연말 인사고과가 좋고, 인생 결산에서도 흑자가 납니다. 우직하게 오늘이라는 보상을 추구하는 게 조직생활에서 성공하는 비결이라는 거죠. 그렇게 본다면 도리어 영악한 전략이기도 해요."

# 세상을 바꾸는 건
## 우리 삶의 궤적

;

세상을 바꾸는 건 우리의 말이나 행동이 아니다.
어떤 존재로 살았는가, 그 삶의 결과가 이 세상을 바꾼다.

◆ 데이비드 호킨스David Hawkins, 『의식 혁명Power vs Force』 중에서 ◆

김은미 CEO스위트 대표는 인도네시아 한인교회에 나가던 시절 종교에 회의를 느꼈다. 이슬람 국가에서 포교를 하면서 교회가 이슬람을 포용하려고도, 이해하려고도 하지 않았다. 영적인 문제에서 도통해답이 나오지 않는 이른바 '노답' 상황이었다. 사람들에게서 성공했다 소리도 듣고 건강을 포함해 안 가진 것 없이 다 가졌다고 선망을 받던 무렵이었다. 그러나 외로웠고 여전히 충족되지 못한 삶에 심적으로 피폐해 있었다. 이때 그는 인생을 뒤바꾼 한 권의 책을 만난다. 미국의 정신과 의사이자 영적 지도자인 데이비드 호킨스 박사가 쓴 『의식 혁명』이었다.

동물과 달리 사람의 의식은 계속 진화한다. 예수와 석가모니가 자신들의 사상과 삶으로 세상을 바꿨듯이, 진화된 의식은 삶을 바꾸고 나아가 세상을 바꾼다. 일시적인 말이나 어떤 행동이 아닌 우리 삶의 궤적이 세상을 바꾸는 것이다. 개인의 차원에서도 의식은 진화할 수 있다. 김 대표는 "인류 의식의 평균치를 끌어올린 마더 테레사 같은 사람이 될 수 있는가 하면, 반대로 도널드 트럼프 미국 대통령처럼 인류 의식을 퇴보시킬 수도 있다"면서, 인생의 딜레마에 처한 사람에게 특히 『의식 혁명』을 권하고 싶다고 말했다.

　호킨스 박사는 오랜 연구를 바탕으로 감정상태별 의식의 밝기를 측정했다. 슬픔, 후회, 낙담에 빠졌을 때가 75룩스lux라면, 사랑과 존경의 마음을 품고 공존을 모색할 때는 500룩스다. 김 대표는 이 의식의 밝기를 일목요연하게 정리한 표를 휴대전화에 입력해 수시로 확인한다고 한다. 그는 "우리의 의식은 훈련과 연습을 통해 고양될 수 있다는 점이 중요하다"고 덧붙였다.


　"의식의 수준이 높아지면 삶의 모습이 달라집니다. 의식수준이 깨달음의 경지에 이르면 700~1,000룩스가 됩니다. 그야말로 성인聖人의 세계죠. 이런 상태 변화를 늘 인식하면서 의식수준을 높이려 노력하고, 저보다 훌륭한 분들과 교류하려고 애씁니다. 그분들에게서 긍정적 에너지를 받아들이고 싶어서죠."

## ■ 배신자에게도 때로는 관용을 베푼다

김 대표는 돈 잘 벌고 사업도 잘 키우는 기업가다. 그런 그가 이런 저런 기회에 초청을 받아 강의를 할 때면 말 잘하는 사람이 멋진 사람의 척도였다. 그런데 지금은 그런 의식의 굴레에서 자유로워졌다. 마음이 한결 편하다.

그는 베이징에 CEO스위트 지점을 냈을 때의 일을 들려줬다. 호텔에서 일한 경력이 있는 중국계 젊은 여성을 지점장으로 채용해 정성들여 업계 전문가로 키웠다. 어느 날 이 여성이 "자궁암에 걸려 회사를 그만둬야 한다"고 통보했다. 너무 놀랐지만, 치료비를 따로 주고 성대하게 환송해줬다.

어이없게도 이 여성은 다음 날부터 길 건너에 새로 생긴 경쟁사로 출근했다. 중국계 회사였다. CEO스위트의 회사 로고만 빼고 베이징 지점의 인테리어·리플렛 등을 거의 다 카피해 사용했다. 고객은 물론 직원도 빼가려 했지만 따라나서는 직원은 없었다. 이 일로 김 대표는 큰 충격을 받았다. 동생처럼 여기고 키운 직원에게서 배신을 당한 것이다.

그런데 그 경쟁사가 얼마 후 부도가 났다. 인맥과 노하우 면에서 한계에 부닥친 듯했다. 경쟁사로 옮긴 문제의 전 지점장은 김 대표에게 전화를 걸어와 "기적적으로 암이 나아 이제 옛 직장으로 돌아갈 수 있게 됐다"고 말했다.

"당신이 그동안 무슨 일을 벌였는지 알고 있다고 말했죠. 회사를 옮겨 몇 배의 급여에 주식까지 받은 것도 안다고요. 하지만 다시 받아주기로 했어요. 사실 한 번의 과오로 외면하기엔 아까운, 유능한 사람이었거든요. 단, 다시 돌아오려면 우리 직원들에게 정식으로 사과하라고 했습니다. 아니면 직원들의 존경을 받을 수 없다고 했죠. 결국 다시는 그러지 않겠다고 맹세한 후 재입사했습니다."

이 일을 계기로 회사에는 과오를 범한 구성원에게 관용을 베푸는 문화가 자리 잡았다. 임직원의 배신처럼 조직에 타격을 줄 수 있는 사건은 리더로서 두려운 상황이지만 마냥 두려워하지 않기로 마음먹었다. 다만 재발 방지를 위해 서비스 운영 시스템을 새로 만들었다. 비슷한 일이 다른 나라에서도 벌어지는 일이 없도록 내부 방침을 보다 체계화했다.


## ■ 자족하는 삶에는 허세가 필요 없다

김 대표는 그동안 외부 투자를 받으라는 주변의 권유에 일절 응하지 않았다. 회사를 몇 배 규모로 키울 수 있는 기회도 외면했다. 좋은 옷, 우아한 보석, 근사한 요트 같은 것들에 대한 갈망도 언젠가부터 사라졌다고 말했다. 사업을 처음 시작한 인도네시아 등 동남아시아 사람들에게서 자족自足의 자세를 배웠기 때문이다.

"돈이 행복의 척도가 아닌 사람들이죠. 스펙도 마찬가지입니다. 우리 나라 사람들은 하버드대 출신이라고 하면 마냥 부러워하지만 동남아 인들은 '그래서?' 하는 식입니다. 아니면 '고생깨나 했겠다' 정도의 반 응을 보입니다. 이 사람들에게 학벌 위조 같은 건 있을 수 없는 일, 상 상할 수 없는 어리석음이죠. 생활수준 면에서는 우리보다 떨어진다고 할 수 있지만 삶의 자세는 이 사람들이 더 성숙합니다. 한 사회의 삶 의 질과 기술수준은 그 사회의 행복지수와 별 관계가 없어요."

그는 "민들레가 장미 같을 수 없고, 장미가 할미꽃 같을 수 없다" 고 말했다. 꽃들이 저마다 최선을 다해 피어날 뿐 주위의 평판에 신 경 쓰지 않는 것처럼, 그 자신도 남들의 말과 시선에 흔들리지 않기 로 했다는 것이다.

"한때는 열등감에 사로잡혀 벤츠 타고 값비싼 보석 두르고 미디어에 도 열심히 나가고 그랬어요. 여자인 데다 주로 동남아에 거주하다보 니 자꾸 차별하고 심지어 임대료도 더 받더라고요. 지금은 저도 달라 졌어요. 스스로 주체적으로 의식을 바꿨기 때문이죠. 택시도 자주 타 고 이미테이션 주얼리도 아무렇지 않게 걸치고 미디어 출연도 잘 안 합니다. 북유럽에 가면 고급차 엠블럼을 일부러 떼는 사람들이 있어요. 그 차가 좋아서 탈 뿐이라는 거죠."

해마다 가을이 되면 노벨상 수상자들이 발표된다. 우리나라에서 노벨상 수상자가 나오지 않는 이유를 문화심리학자 한민은 이렇게 설명한다. "연구가 축적되기 시작한 지 30년도 안 되는 한국에서 노벨상이 쏟아진다면 굉장히 이상한 일이다. 주어진 일에 최선을 다하도록 동기화한 일본인도 노벨상 수상에 70년이 걸렸다."

더욱이 일본인들은 급격한 사회 변화를 우리보다 덜 겪었고 자기 분야에서 다른 선택지가 거의 없었다. 돈 많이 벌어 여봐란 듯이 사는 게 공부를 하는 거의 유일한 목적인 우리나라 사람들과 달라도 너무 다르다. 세계적으로 학업성취도 1~2위를 차지할 만큼 머리가 좋은 한국의 학생들이 힘쓰는 건 예나 지금이나 돈 되는 공부다.

김 대표는 우리가 매사 행복을 언급하는 것도 어쩌면 행복불감증 탓인지 모른다고 말했다.

"정말 행복한 사람은 굳이 행복을 갈구하지 않습니다. 우리는 성공은 물론 행복조차도 자기계발서를 통해 학습하려고 합니다. 이 인위적인 행복에 대한 환상에서 벗어나 행복 찾기를 멈출 때 어쩌면 행복이 찾아올지도 몰라요. 자신의 존재 자체를 행복의 조건으로 받아들일 때 행복을 발견할 수 있습니다."

# 영광도 오욕도
# 결국엔 지나가리라

;

이 또한 곧 지나가리니.

◆ 솔로몬이 왕자 시절 다윗 왕의 세공사에게 적어준 지혜의 글귀 ◆

이종선 이미지디자인컨설팅 대표는 이미지관리Personal Identity·PI와 고객만족Customer Satisfaction·CS 컨설팅 전문가다. 수십만 권 팔려나간 베스트셀러의 저자이기도 하다. 이런저런 일로 스포트라이트를 받을 때면 그는 속으로 '이 또한 곧 지나간다'고 되뇐다.

오래전 이 대표는 비즈니스로 만난 어떤 사람 때문에 많이 힘들었다. 믿음을 저버린 상대방에 대한 미움, 그 감정을 제대로 추스르지 못하는 자신에 대한 못마땅함이 뒤섞여 실의에 빠졌다. 그 상태에서 벗어나려 '이 또한 곧 지나가리니'를 책상과 화장대 거울, 심지어 자동차 선바이저에 달린 거울에도 붙여놓았다. 자기암시를 위해 하루에도 몇 번씩 이 말을 되뇌었다. 그러다보니 어느덧 그런 불안정한 상태에서 자유로워졌다.

그는 이 말을 자신의 책 『멀리 가려면 함께 가라』에도 실었다. 이 책에는 '세상을 내 편으로 만든 사람들의 비밀'이라는 부제가 달렸다.

"이 말을 새기다보면 평정심을 갖게 됩니다. 안정감이 중요한 중년의 리더에게 꼭 필요한 자질이라고 봅니다. 특히 젊은 날 이 말을 마음속에 걸어두면 나이 들어 큰일을 할 때 한결 수월하고 행복해질 겁니다. 유혹과 압력을 이기지 못하고 불의와 타협하거나 나중에 후회할 결정을 피하는 데도 도움이 되죠. 번번이 같은 고개에서 넘어지고 깨지는 일도, 저처럼 뒤늦게 이 말을 여기저기 써 붙이고 주문 외우듯 입에 달고 살 필요도 없을 거예요."

## ■ 자만에도, 좌절에도 빠지지 않게 해주는 마법의 문장

이 대표의 인생 문장이 된 이 말은 지혜의 왕으로 부귀영화도 누린 솔로몬이 왕자 시절에 한 것으로 전해진다. 다윗 왕이 어느 날 궁중의 세공사를 불러 절대군주인 자신을 기리는 반지를 만들라고 명령했다. 그리고 거기에 '교만해질 때 지혜가 되고 절망에 빠졌을 때 힘이 되는 글귀'를 새겨 넣으라고 했다. 반지가 완성된 후에도 세공사의 머릿속엔 지혜의 글귀가 떠오르지 않았다. 그러자 솔로몬이 세공사가 찾아와 털어놓은 고민을 듣고서 명답을 내놓았다. "이 또한 곧 지나가리니Soon it shall also come to pass."

"CEO가 잡지의 표지인물로 나가고 나면 그때부터 회사가 어려워진다는 속설이 있습니다. 잘나갈 때 기고만장하지 않고 스스로 중심을 잡는 데 딱 좋은 경구예요."

그는 "이 말의 진가는 기쁠 때나 슬플 때나 우리를 응원하는 가족처럼, 성공했을 때 필요한 겸손과 실패했을 때 다시 일어서는 용기를 동시에 함축하는 일종의 양가성兩價性에 있다"고 말했다. 성공이 가져다주는 자만은 물론 실패에 따르는 좌절에서도 벗어나도록 만드는 묘약과도 같은 말이다.

"살아가면서 가장 중요한 것이 자만에 빠지지 않는 겸손과 좌절하지 않는 용기라고 봅니다. 우리가 교만해서는 안 되는 까닭은 그런 태도가 다른 사람들에게 상처를 주기 때문이죠. 또 우리가 경험을 통해 알고 있듯이 세상이 온통 내 것 같았던 기쁨도, 세상이 무너진 것 같았던 슬픔도 지나고 나면 별것 아닙니다."

이 대표는 가족을 잃었거나 병마에 시달리는 사람, 사람에게서 상처받은 사람, 재정적인 위기를 겪는 사람들에게 늘 이 말을 전한다.

"열정, 성공, 좌절에 대한 교훈 등 좋은 말들은 대개 어느 한쪽으로 치우치게 마련인데 이 문장은 적용 범위가 참 넓습니다. 이미지컨설팅을 하면서 CEO들에게 이런저런 조언을 하죠. 하지만 그런 자기연출보다 자만에도, 좌절에도 빠지지 않는 마음 다스리기가 훨씬 중요해요. 마음을 다스리는 데는 최고의 문장입니다."

우리는 어려운 시절이 결국 지나갈 거라는 사실을 경험적으로 안다. IMF 위기가 그랬고, 70년 전 한국전쟁의 상흔이 그랬다. 인생에 맑은 날만 지속될 수는 없다. 만일 맑은 날만 계속된다면 지구는 사막화하고 말 것이다. 영광도 오욕도 다 지나간다는 사실을 떠올리는 것만으로도 때로는 위안이 된다.

## ◼ 받아들이는 평온, 바꿀 수 있는 용기, 분별하는 지혜

좌절도 사람을 해치지만 자만은 사람들과 멀어지게 만드는 독배다. 이 독배를 피해야 하는 건 이 시대엔 다른 사람과 소통하고 협력하지 않으면 성과를 낼 수 없을 뿐더러, 어떤 성취를 했을 때 같이 기뻐할 사람이 주변에 남지 않기 때문이다.

이 대표는 재계 순위 100위권에 드는 한 기업의 CEO에 관해 들려줬다. 걸핏하면 약자를 공격하고 비난을 입에 달고 사는 그를 이 대표가 책에서 익명의 사례로 다뤘다. 자기과시마저 심했던 그는 뒤늦게 자기 이야기인 줄 알고 조금 달라졌다고 한다.

기승전'나'인 사람들이 있다. 어떤 대화든 자신을 과시하는 이야기로 화제를 끌고 간다. 잘나가는 파워맨이면 이때 제동을 걸기도 어렵다. 재산 자랑도, 지식 자랑도 지나치면 주변사람들을 불편하게 만든다는 사실을 아예 모르거나 짐짓 알면서도 즐기는 사람들이다. 하늘을 나는 연은 줄이 끊기면 땅에 떨어진다. 막대한 재산도 잘난 자식도 욥<sup>Job, 구약성서 「욥기」의 주인공. 사탄의 시험인 잇따른 재난으로 재산과 건강, 열 명의 자녀를 모두 잃었다</sup>처럼 잃을 수 있다는 걸 모르는 사람들은 그렇게 살다 끈이 떨어지면 외면을 당할 수밖에 없다. 그 또한 지나가겠지만.

이 대표는 마음속에 자리 잡은 문장을 하나 더 소개했다. "하나님, 바꿀 수 없다면 받아들이는 평온을, 할 수 있다면 바꿀 수 있는 용기를, 이 둘의 차이를 분별하는 지혜를 주옵소서." 미국의 신학자 라인홀드 니버<sup>Reinhold Niebuhr</sup>가 쓴 '평온을 구하는 기도'는 1930~1940년대 미국 사회에서 널리 회자된 것으로 알려져 있다. 그는 "이 기도문을 명상하면 무모하지 않게, 경우에 맞게 살아야겠다는 생각을 절로 하게 된다"고 덧붙였다.

"내 손을 이미 떠난 일이다 싶으면 깔끔하게 정리해야죠. 그러나 내

운명의 한 문장

안에 바꿀 힘이 남아 있다면 용기를 내 최선을 다해 바꿔야 한다는 생각입니다. 또 정보사회에서 물불 안 가리고 무모하게 달려드는 건 시대 흐름에 맞지 않는다고 봅니다."

니버는 "인간은 신의 사자使者이면서 동시에 신의 피조물로 제약을 받는 유한한 존재"라고 했다. 이 양면성을 망각하면 인간은 교만해지게 마련이다. 결국 죄악을 범한다. 그는 역사란 이 인간의 이기적이고 비합리적인 자유의지와 신의 의지가 충돌하는 무대라고 해석했다. 인간은 이런 한계를 스스로 극복할 수 없거니와 통제는커녕 제대로 통찰할 수조차 없다. 그래서 "모든 역사란 타협의 산물이고 사회의 근본적인 개조는 불가능하다"고 주장했다. 인간의 힘으로 사회구조를 바꿀 수 없을 땐 그 구조를 받아들이는 평온이라도 신에게 구해야 할 것이다. 그리고 우리가 바꿀 수 있는 것에 집중해야 마땅하다. 지금 우리가 바꿀 수 있는 것들은 과연 무엇일까?

CEO를 신화로 만든
# 운명의 한 문장

초판 1쇄 발행 2018년 9월 28일
초판 2쇄 발행 2018년 11월 9일

지은이      이필재
발행인      김승호
펴낸곳      스노우폭스북스
편집인      서진
편집진행    이병철
마케팅      김정현, 이민우

SNS 총괄   이태희

제작        김경호

주소        경기도 파주시 문발로 165, 3F
대표번호    031 - 927 - 9965
팩스        070 - 7589 - 0721
전자우편    edit@sfbooks.co.kr
출판신고    2015년 8월 7일 제406 - 2015 - 000159

ISBN 979 - 11 - 88331 - 47 - 5 03190
값 15,800원